自然育児のコツ

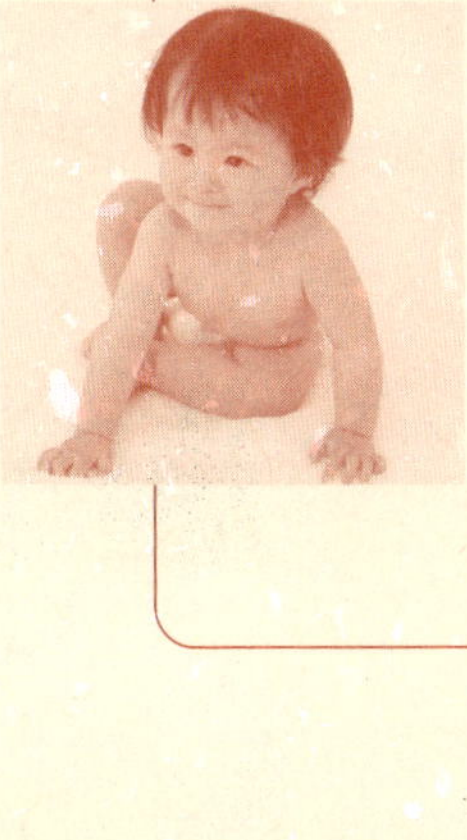

山西みな子❖著

新泉社

自然育児のコツ　目次

第二段階　母乳育児成功のコツ

第三段階　自然育児のコツ

写真　松浦範子
イラスト　草野伸生
装幀　勝木雄二

（17、29、63頁の写真は自然育児相談所提供）

はじめに

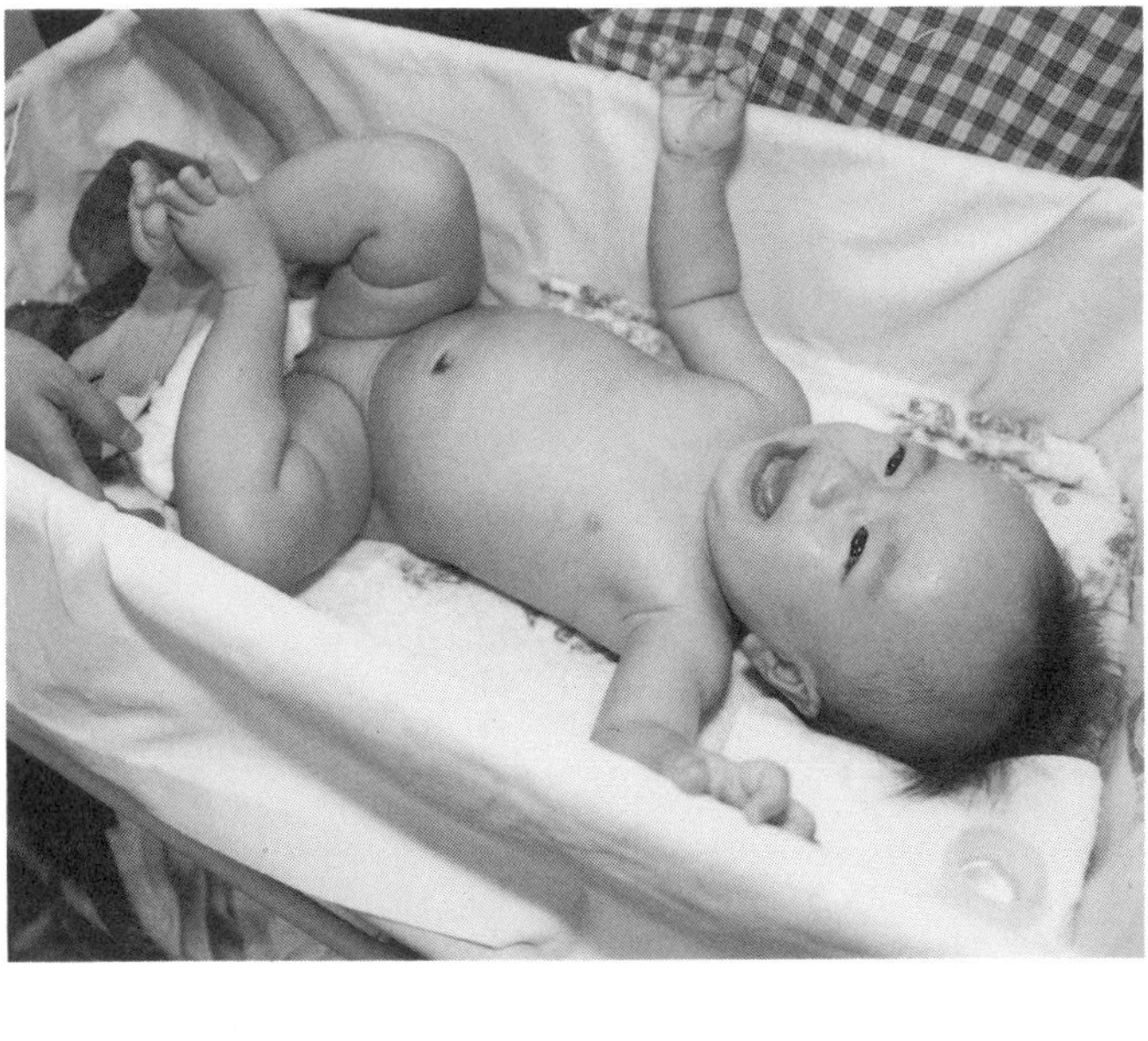

自然な子育てとは?

わたしの相談所は自然育児相談所といいますが、そもそも「自然」という言葉はあまりに定義があいまいで、どこかそれを口にするのが権威的であるような響きをもつ言葉のようにも感じてしまうので、実はあまり使いたくないんです。文章のなかに「自然」などという言葉が出てくると、どうも大それているような気になってしまいます。

それでは、どうして「自然育児相談所」という名前を使ったのかというと、「自然育児法」という群馬大学名誉教授の松村龍雄《たつお》先生の教えがあるのです。本来なら松村先生の「自然育児法」相談所とすべきなのです。それは子育ての道筋というか、「子どもはどう育てていったらいいのだろう」→「丈夫な体質に育てていくのが一番大切です」→「その丈夫な体質とは一体なんだろう」→「親からもらった体質だから仕方がないとか、この子はこういう体質だからあきらめて、というけれど、体質って一体なんだろう」→「体質がいいとか悪いとかあるのなら、よい体質とは何だろう」ということを考えていく育児法なのです。

すべてのお母さん方の願いは、丈夫な子どもを産み育てることだと思いますが、丈夫な子どもというのは、五体満足な状態をかならずしも意味するのではなくて、五体に何らかの障害があるかもしれないけれど、それでもその子は丈夫な体質で育っていけばいいということです。障害がダメというのではなく、障害のある子もない子も、丈夫な体質に育てていこうという考え方なのです。丈夫な体質に育てるため、どんなことをしていったらよいか探り続け、実践していくことを松村先生から課題としていただいたので、臨床家としてお母さんとともに考え合うのです。その場所が自然育児相談所なのです。法的には「助産所」ですが、今は「助産介助の仕事」は友人の助産所へ委託しており、食べものを中心とした、あるいは母乳を中心とした育児の相談と乳房の治療を専門に行なっています。

哲学者のジャン・ジャック・ルソーも「自然な子育て」ということをいっているのですが、彼は「人は生まれながらにしては皆いいんだけれど、手を加えることによってダメになっていく」といった主旨のことを『エミール』のなかで書いています。そういう「自然のよさ」を知るべきことを、現代に生きるわたしたちは徹底的に宿題としていただくことになったのです。

わたしは助産師の仕事を四〇年あまりしていますが、本当に自然な育児とは何か、いまだによくわからないというのが正直なところです。でも、ほ乳動物の一種なのだから、お母さんの乳房から出るお乳を赤ちゃんに飲ませようというのは自然な発想です。自分なりのやり方で、あまり枠を決めず、概念の規定をしないで、揺らぎながら育児をやっていこうという考えが自然育児だということができるでしょう。

わたしが病院で働いていた一九八一年ごろ、この育児の考え方はとてもたのしいものであり、子どもたちもおもしろがり、子どもの自然な姿も見えてくる、というお母さん方によって、ナチュラル・エイド・サークルが作られました。そのサークルはずっと続いていて、今ではＮＰＯ法人に発展しています。子どもたちから励まされて、そして自分たちが今まで思っていたのとは少し違う「自然さ」というものを子どもたちが気づかせてくれる。そして気づかせてもらったように育てていくと、子どもが伸びていきたい方向に伸びていく、育っていきたい方向に育っていくということに気づいてきたのです。「子どもたちから気づかされる育児」が全国的な自

然育児サークルを育て、わたしは自然育児相談所を今日まで続けることができました。

赤ちゃんからのメッセージ

では、子どもたちは、どんなことをわたしたちに気づかせてくれているのかを考えてみましょう。赤ちゃんたちは胎内にいるとき、すでにわたしたちに気づかせてくれていることがあります。妊娠中の方にはぜひ、おなかの赤ちゃんがあなたにサインを送っているということを知っていただきたいのです。

全環境としての母体であるあなたの生活に左右され、赤ちゃんたちには「今日はよかった」というときと「今日はつらかったよ」というときがあるのです。「つらかったよ」という日が連続すると、丈夫な赤ちゃんは育たなくなってしまいます。

どういうときに子どもがつらいのかは、わたしたちにはよくわからないものですが、つらくないときはわかるものです。まず、お風呂に入ってあなたが気持ちよくリラックスしているときを百点満点とします。お風呂は温かいし、非常にリラックスするたのしいところです。あなたがリラックスしてたのしいとき、赤ちゃんの状態も気持ちよく、百点満点になります。そういうときの胎動はゆるやかなのです。

そうではないときの状態はどうでしょうか。それは胎動でわかります。あなたがアイスクリームをいっぱい食べたり、外へ出て寒い思いをしたり、姑が来て緊張して「実家に帰ってしまいたい」と思うかなしいときの胎動と比べてみてください。あなたがいやなとき、つらいとき、冷たいものを飲んだときの胎動は、キュッキュッとよんがるような胎動だと思います。

予定日が近くなったころに、赤ちゃんが突然動かなくなってしまったという方がいらっしゃいます。そして、三キログラムにも成長した子どもが、残念ながら生まれたときには息をしていなかったということがあります。赤ちゃんがおなかの中で死んでしまった日時は病院で推定できるのですが、赤ちゃんがその時間に何かサインを送っていなかったかをお母さんにたずねると、「いつもと違ってやたらと動いた」というのです。元気なときの胎動はあっち蹴飛ばしたり、のびのびするような動きだったりしますが、亡くなった子どもの場合は横揺れとか、縦揺れとかです。元気がいいのはお産が近づいたからかな、と思っていたと証言する人が多いのですが、わたしはあの激しい動きというのは赤ちゃんが苦しいからだと思います。

胎動が元気でいいと思ったとき、お風呂に入ったとき、気分のいいとき、たのしいときの胎動と、かなしいとき、つらいとき、寒いときの胎動の違いを感じ、つらくならないように心がけて暮らしていくと、赤ちゃんは自分が出したサインをお母さんがわかってくれるのでうれしいと思います。

妊娠中の食べものと子どもへの影響

生まれてから、やたらカンの強い子がいます。カンが強い子は頭がいいという人もいますが、カンが強すぎるとお母さんはたのしくありません。そこで、お母さんの暮らしを振り返ってもらうと、のんびりした子を産んだときと、カンの強い子を産んだときでは暮らしぶりが違うといいます。お子さんが一人だけの方でも、姉妹あるいは友人でお産する方がいらっしゃるときに、その人とあなたとの暮らしのどこが違うかを比べてみてください。あなたが高カロリーの食べものやくだもの、ジュース類などが非常に好きという傾向があって、その人はおにぎりやうどんなど穀物が好きといった場合、くだものより穀物をしっかり食べているお母さんの方が、生まれた赤ちゃんは泣かないのです。おそらく、くだものを食べてお母さんのおなかが冷えた状態にさらされてきた子どもは非常に鋭敏だと思います。温かい環境で生まれてきた子どもは、ゆったりとのびのびしています。

赤ちゃんらしくアカアカとして肌につやがあって元気な子と、大理石のような文様が出て肌寒く紫色になって、足の裏も紫色になっている子どもがいます。そういう紫ちゃん、青ちゃん、白ちゃんだったりする赤ちゃんと、つやのある赤ちゃんの違いは、環境としての母体からいえば、お母さんが妊娠中にどんな暮らしをしているのかと関係があるのです。

大ざっぱにいえば、お母さんが妊娠中に冷たいものが好きだったかどうかということです。妊娠すると、おばあちゃんたちに「冷えないようにね」といわれますが、冷えているかどうかがわからない場合は、胎動で判断するのがよいと思います。また、冷え症だという自覚があるのでしたら、下半身をあったかくするように心がけてください。

昔のおばあちゃんたちは、妊娠中の冷え症による赤ちゃんのサインがひどいときや、おなかの中でしゃっくりするようなときは、日本人の知恵として実母散《じつぼさん》というお茶、もしくは中将湯《ちゅうじょうとう》を飲んできました。現代のお母さん方はご存じないかもしれませんが、ぜひ飲んでみることをおすすめします。

自然なお産と母乳育児

次にお産のようすを見てみましょう。皆さんのなかには、微弱陣痛《びじゃくじんつう》で陣痛促進剤を使ってお産をした方がいらっしゃるかもしれません。それでは、自然でらくなお産と、くすりに頼らねばならないお産との違いはどこにあるのでしょうか。

まず、産道の広さや赤ちゃんの大きさ、姿勢などが要因としてあります。しかし、八カ月から一〇カ月の三カ月間、普段より食べものを控えてからだの保温に気をつけていれば、難産を予防できると思います。

からだがむくみやすい人は体重も増加し、筋力が低下します。また、脂肪太りの人は、子宮の頸管《けいかん》が脂肪付着によってあたかも霜降り肉のようになり、裂けやすいのです。冷えていると、頸管が柔軟になるのに時間がかかるのです。むくみを無くし温かくすることで、安ずるより産むが易《やす》い状態になるでしょう。

安産のあとは赤ちゃんの世話がはじまります。分娩室で産まれたら、三〇分以内に授乳練習をします。赤ちゃんは母乳を飲む権利と母親のそばにいる権利とがある、と考えてあげたいのです。赤ちゃんにやさしい病院としてユニセフのお墨つきをもらった国立岡山病院名誉院長の故山内逸郎先生は、小児科医のなかではきわだって熱心に母乳栄養を推進されました。かつて、一九七六年に生まれた日本初の五つ子を母乳で育てて、危機を救ったことで有名です。先生はとくに、赤ちゃんが母乳を飲む権利を大人は義務として守り通すべきだと主張されました。

丈夫な体質の子を育てるときに、一番大きな要素は環境の与える影響だということができます。環境というのは、さかんにいわれている環境問題の〝環境〟も含めて、とりまく環境全部のことです。

一九六〇年代に松村龍雄先生が環境問題ということをいい出したときには、日本中の人たちは環境問題というような言葉は使っていませんでした。一九六〇年から六三年ごろにかけて、サリドマイド・ベビーが生まれました。そのとき、薬学専門の荒井良《まこと》先生のお子さんもサリドマイド・ベビーでお生まれになりました。ご自分が薬学の専門家で、どういうくすりを使ったら胎児に傷がつくかを研究しているにもかかわらず、自分のお子さんのことを十分に注意することができなかったのです。というよりも、注意をする前にお連れ合いがつわりになったときに使われたくすりがサリドマイドだったのです。

一九六〇年から六三年というと、わたしが助産師になって四、五年目のころでした。その当時、病院外来の受付のところにポケットのような袋が置いてあって、「つわりの方はご自由にどうぞ」とサリドマイドが自由に取っていけるようになっていました。くすりを無料で飲めるので、「わたしはつわりだわ」と思うとそのくすりを持って帰れたのです。処方してサリドマイドを飲んだ方もいますが、見本として置いてあったのを自分で持って帰って飲んだ方もいると思われ、その結果サリドマイド・ベビーが生まれたのです。治験段階で認可されなかったアメリカでは、被害が最小限に食い止められたのとは対照的に、諸外国の回収措置後も販売が続けられた日本では、多くの被害者が出てしまったのです。

「自然育児研究会」で松村龍雄博士と（1986 年 8 月）

荒井先生は、『胎児の環境としての母体』（岩波新書）という本を出されているので皆さんもお読みになるといいと思います。環境というと、わたしたちは地球をイメージしますが、お母さんのおなかの中にいるときは、赤ちゃんにとってお母さんのおなかが環境のすべてなのです。お母さんが送ってくる血液によって、彼らはすべてをまかないます。おなかの胎児にとって、環境としての母体がいかに重要であるのかを荒井先生は強調されました。

母体をいい環境に保とう。では、いい環境とはなんだろうか。それは「お母さんのからだが丈夫」ということです。お母さんは毎日どんな生活をしているのだろう。夫と仲よくやっている人、うまくいっていない人。姑とうまくいっている人、いない人、などなど。いろんな心理的な要素があると思います。「心身ともに」というとき、心もありますがからだはどうなんだろうか。つわりでたまたまそのくすりを飲み、サリドマイド児が生まれてしまったが、ほかのくすりではどうなんだろうか。健康のためにとビタミン剤を飲んだり、いろんなものを食べたりするが、その問題はどうなんだろうか、などいろいろ考えますよね。その考えを下敷きにして、松村先生は『育児のコツ12章』（主婦の友社）という本を一九七二年にお出しになりました。

『育児のコツ12章』のなかで、松村先生は食べものが一番重要だと最初に述べておられます。食べもののなかでも、とくに乳児のときには母乳で育てなければならないというわけです。

当時のわが国の母乳育児率はきわめて低い水準でした。一方、そのころ世界では、多国籍企業のネッスルをはじめ、日本を含む各国のミルクメーカーもアフリカやアジア、ラテンアメリカなどの国々に粉ミルクを売りに行き、アフリカの子どもたちがそのミルクを飲んで死亡率が高まったということがありました。粉ミルクの方が栄養がよく、元気に育つかのような広告がなされたのですが、衛生環境や水道設備がよくない地域で、何倍にも薄めた粉ミルクが使われたため、乳児の死亡率が高くなったと問題になったのです。

そのころ、日本でも岩手大学教授の鷹嘴《たかのはし》テル先生が東京都内と盛岡市内の母乳育児率の比較調査をしました。東京は都会だから母乳育児が少ないのかと思っていたのですが、どちらも変わらず、母乳育児率が低かったのです。このように母乳育児率が低下している時代に、松村先生は『母乳主義——人間の子どもは牛ではない』という本を光文社カッパブックスから出版されました。その当時のカッパブックスは、非常にセンセーショナルな出版で話題になったのですが、その本は「人間の子どもは牛ではない。だから母乳をもっと飲ませなさい」という内容です。そのことを学会でも報告され、やがて一九八二年に『自然育児法』（主婦の友社）という本をお出しになりました。母乳育児をもっとやってみよう、そうすれば人間の子どもはもっと丈夫な体質になっていくということを、松村先生はずっと考えていらっしゃったのです。

松村先生が本をお書きになられていたころ、わたしは助産師向けに母乳で育てるための運動をしていて、松村先生にお会いしました。先生は、環境としての母体のなかで食べものが最も大切であり、丈夫な体質の子どもを育てていくために赤ちゃんにとって最もよい食事が母乳であると考えていました。松村先生は、「わたしは男なので母乳についてのすべてはわからない。わたしの本の母乳に関する部分は山西さんが書くように」とページをくださり、『自然育児法』という本のなかに母乳のことを書かせていただきました。

こうして、先生の自然育児法をいろいろご指導いただくなかで、「自然育児法」相談所という名前をいただき、「自然育児相談所」がスタートしたのです。

皆さんとともに、わたしも学びつつ、先人の足跡と人知を鏡として育児相談ができる幸せを感謝しています。

第一段階
妊娠生活とお産のコツ

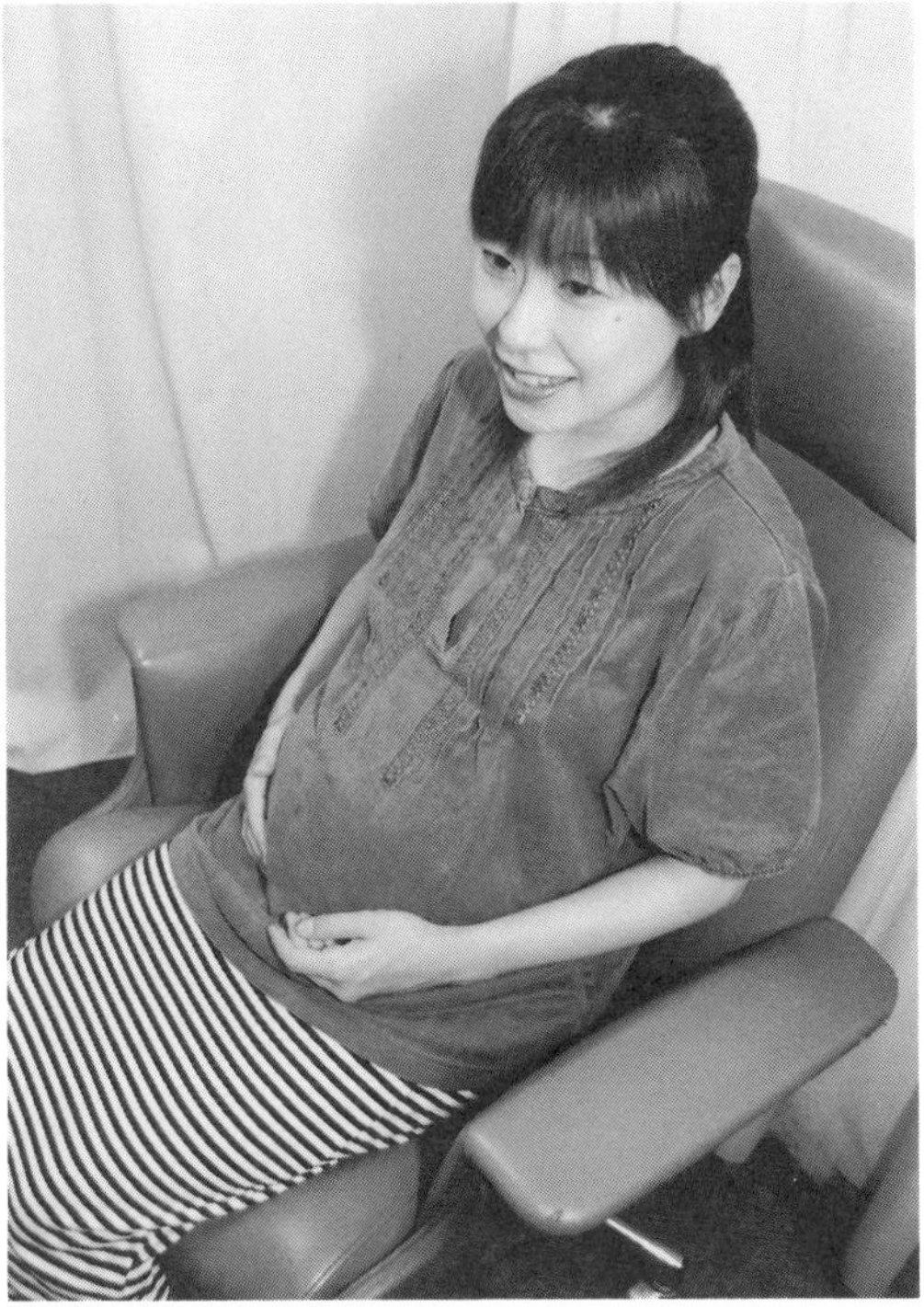

いのちのはじまり

胎児と母とのきずな

人間の胎児は、三五億年にもおよぶ生命の進化の歴史を、わずか四〇週間（二八〇日）で成しとげてしまう能力を持っています。

その進化のようすは、受精直後のひとひらのアメーバーのような原生動物から、魚類やカエルのような型へと成長します。そのころには、すでに脳ができています。次いで、は虫類のごとき時期がきて前頭葉がふくらみ、次第に大脳が急速に大きくなるにつれて類人猿のように、そして人間の赤ちゃんとして完成していきます。

人間の脳は、大脳辺縁系と新皮質に分けられます。内側から古皮質といって、は虫類の脳のような役割を果たす部分があります。次に旧皮質があります。ほ乳類の脳の役割をしている部分です。最も外側の新皮質こそ人間の特徴であり、知的学習や精神的活動を調整する最重要部分です。

そこで「胎教」というテーマは、わたしたち母親が妊娠すると同時にひとときも頭を離れることなく気にし続けることがらとして、きわめて重要になります。

自分自身の感情や体調、まわりで起こるありとあらゆる状況を、つねに胎児の立場に立って、安心したり、よろこんだり、気を病んだり、決断を鈍らされたりし続けて、やがて、予定日を迎え、出産するのが実情です。

その期間の母と胎児との心の交流が、いわば胎教の要素だといえます。

中国医学理論の原点とされる『黄帝内経素問《こうていだいけいそもん》』と同じ筆法で、黄帝が、名医岐伯《ぎはく》に「人はどのようにして生まれてくるのか」と問いかけ、岐伯が答える形式で、「妊娠月数別胎児の形成と妊婦の諸注意、および鍼灸の禁忌」について述べた文献があります。今日、わたしたちは『医心方』巻二二、「胎教出産篇」（槇佐知子全訳精解、筑摩書房）を参照して知ることができます。

胎教として、心の持ち方、生活態度の全般を説いており、衣食住の諸注意は現代にも通ずるところが多く、感心させられます。

二〇〇〇年も昔の時代の医書ではありますが、胎教が人間形成にとってきわめて重要であるとするくだりは、近年、明らかになってきている「胎児の能力」をめぐる近代科学的手法にもとづく結論とほぼ同様であるということに感銘を覚えます。

「姿勢を正して坐り、邪悪な言葉を聞かず。自分自身も妄語をしない。正しく歩き端坐する」とあり、また、妊娠三カ月までは「外形を見ることで胎児が影響を受けるから、よくない人と交わってはいけない。名香をたき、詩歌や書を読み、琴を弾いて、精神や気持を整える」などとあります。

全環境としての母体と胎教

胎児に与える母親の影響として、心の持ち方は非常に重要ですが、胎児が生きづいている子宮内は、何といっても胎児にとってかけがえのない場所です。それはあたかも、わたしたちにとっての「地球」と同じものであり、それだけに環境としての母体をととのえることは、きわめて重要な課題です。

たとえば、つわりのくすりを母親が飲んだことが、サリドマイド児の誕生につながったということをわたしたちは記憶しています。

また、ベトナム戦争の際にばらまかれた枯葉剤による異常児出産もそうでした。薬剤には保健上使うのみならず、食べものの保存のためにも、また室内の防カビや、建築材料にも、そのほか、気づかぬところに実に多種類の使い方がされています。また、大気中にも浮遊し、ダイオキシンのごとく、社会不安を起こしている物質もあります。

すべて、母体を経て胎児へと影響します。それらのさまざまな状況から、今やわたしたちは逃れられないところに立たされています。いちいちくよくよして暮らせばストレス過剰となり、胎児は逃げ出してしまい、流産に至ってしまいます。

そこで人類の知恵としての「祈り」が大切になります。「科学的思考」に浸りきって生きているわたしたちは、容易には気持ちを切り替えることができないとはいえ、祈り気づくことで思いもよらないよいことが起きてきます。

胎児の胎動に気を配るだけで、それまで「感じる」ことができなかった人でも、イメージ化して心静かに胎児に語りかけていると、しっかり、はっきり、自分の気持ちのあり方に胎児が応答していることがわかるようになり、勇気づけられます。

その感じ方を意識していると、胎児からのメッセージがはっきりわかるようになります。胎児によって誘導されて何かをしている自分がいて、しかも、そこにはちゃんと、安全で、また偶然の重なりで次々に不思議と意味深い体験ができるようになります。思いがけぬ人と出会い、その人が大切な役割を果たしてくれてみんなが助けられた、というようなできごとは、しばしばあります。

赤ちゃんのおかげだった、ありがとう、よくお母さんのことがわかったね、と語りかけていくことで丈夫な体質と心を育てられます。

昔々の母親も、おそらくこの体験の積み重ねをとおして、胎児は一人前だと自覚していたに違いありません。母子相互作用とは現代の乳幼児心理学の成果による言葉ですが、生まれる前からの相互作用は、生まれてからのそれよりもずっと、魂のレベルでの意識を具体的に気づかせてくれるだけの力強いものがあります。

これを、わたしは胎教の真の意味だと思っています。有害物の影響を防除するほど強いエネルギーが生ずるのだと思います。

魂のつながりを具体的に感じはじめるようになると、思わぬできごとで母親が驚いてしまったときなど、胎児もまた、息をひそめたように突然、急に静かになってしまうことがあります。そこで連れ合いともども、「大丈夫よ、あなたには心配をかけはしないわ、安心してね、好きよ、かわいがってるよ」と語りかけてやると、また突然、胎動はおだやかにはじまり、よろこんでいるようすがわかります。

安定した家庭生活のなかでは、母親もゆとりがあるでしょう。

「今は夏！　暑くて三二度もあるのよ、木も草も暑そうにしてるよ。海のうたを歌ってあげるね！」とか、「ものがたりを読んでるのよ、さあ聞いててね」と語りかけます。「今日はビバルディの四季、春を聞くわよ」「ビートルズが好きなのよ！」などと、母親が、まるでそこに誰か別の人がいるとでもいうような感じで胎児に語りかけます。

それらの経験はおそらく、胎児の脳のはたらきに関連しあい、遠い日の深い思いのなかで記憶の

芽として保存されていくのでしょう。

もう二〇年ほど前になりますが、わたしが属している「日本小児保健研究学会」の発表のなかで、胎児に俳句を読んで聞かせていたら、生まれてからことばが出はじめたころに、あきらかに俳句を覚えていたと思われる「言葉化」がみられた、ということを聞きました。

胎教は、母と子とのたのしい思い出をインプットするよい機会ととらえて、有意義に過ごせることを期待したいと思います。

赤ちゃんができないときは

近年における不妊治療の一部には「体外受精・胚移植」があります。ヒトの精子・卵子・受精卵を眼前で見つめながら取り扱う治療は、正直いって「鬼手仏心《きしゅぶっしん》」そのものだと思われます。その結果、子宝に恵まれて幸福な家族が増えていることを祝福したいと思います。

しかし、生殖は自然な生物学的現象であるのだから、本来的には赤ちゃんを産むことに特別の医学的処置はいりません。

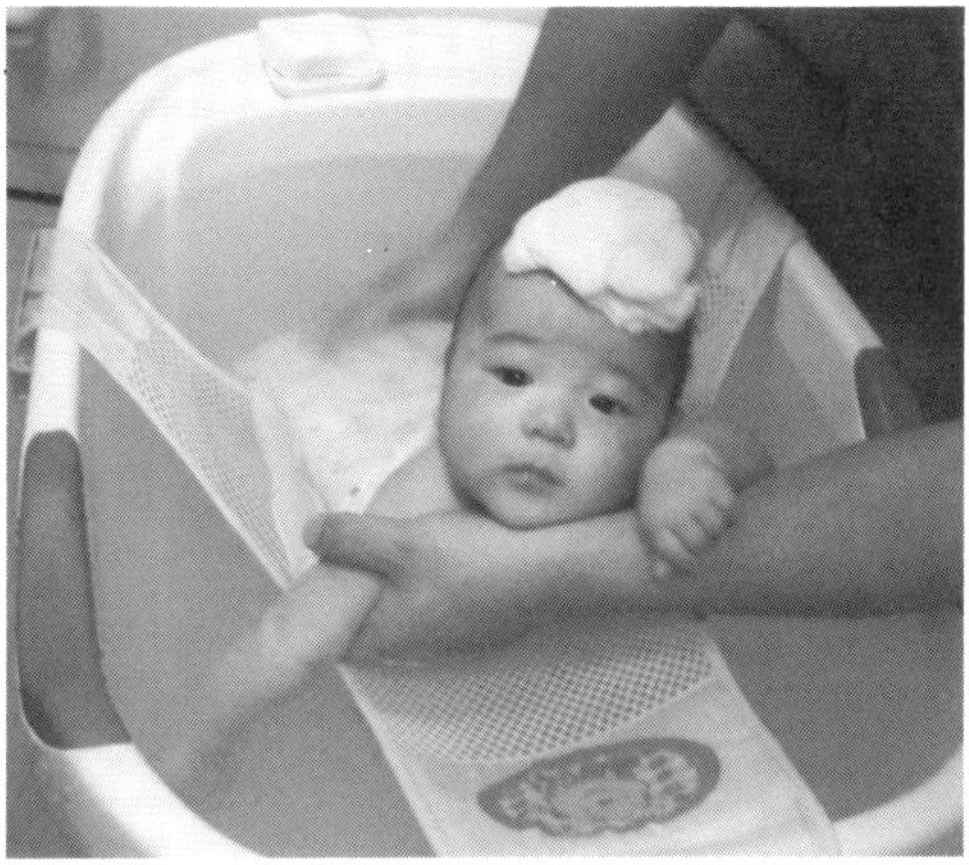

健康な女性は、月経開始後四日目から一六、七日目ごろまでが妊娠可能な時期です。授乳中の人のなかには、月経を見ないまま妊娠することもあります。母体側の子宮が健康で卵子の発育もよく、また夫側の精子も健康で栄養状態がよければ「すぐ妊娠してしまう」ととまどうぐらい子だくさんの女性もいるわけです。これは時代や社会の変化にもよるもので、戦争や貧困で食べものが不足して栄養不良のときは妊娠しにくいか、また妊娠しても育たず流産した人が多かったのです。だから赤ちゃんが欲しいけれどできないとき、「不妊」と「不育」とに分けて考えます。

現代の日本は豊かで食べものも飽和状態となり、つねに満腹状態があたりまえのからだには、デザートのような食べものが好まれます。そのため主食がおろそかになり、穀物の摂取量が減ったための偏食による栄養不足が「不妊」「不育」をもたらしているのです。

世界のなかには、妊娠しにくい人が食べるべきものとして、牛乳やヤギの乳を煮て作った油や、バターや甘味のあるものとしてはちみつと米を食べるとよいとの考えが一般的な国もあります。そこでは砂糖など甘味料は薬用でさえあります。ところが逆に、糖の代謝が低下している糖尿病傾向の夫婦には砂糖は有害なのです。豊かな食べものに囲まれている国ほど、砂糖は控えてこそ妊娠しやすくなるといってよいのです。

顕微受精や、受精卵の胚移植といった生殖生理に関する先端医科学がどれほど進歩しようと、すべての不妊で悩む人がそれを容易に利用できるわけではありません。同様に、不妊とあきらめて一〇余年も経ってから突如妊娠した例が数多いのも事実です。

自分が不妊か不育かを知るために、基礎体温を毎日計り、保温に気をつけ、米のごはんをよくかんで食べるなど、身近な暮らしをととのえるだけで、意外と変化が見えてくることもあります。

妊娠中の食生活

丈夫な体質の子を産み、育てるためには妊娠中の食生活が大切です。つわりのときは努力して無理に食べたりせず、食欲に合わせて暮らしましょう。

胎動がはじまったら急に食欲が増します。日ごろ食べ慣れていないものも欲しくなります。やせて肌が黒ずみ、つやを失っている人がいます。皮膚が乾燥肌になっている人もいます。このようなときはからだが締まりすぎているので、もっとゆるめるための食事をするように変更します。玄米食を五分づき、または白米にします。野菜や旬のくだものも増やします。

胎動に関心を寄せ、普段からおだやかな胎動の子になるように加減してください。

玄米食で正しい食事をしているつもりだったのに、生まれた子の皮膚は脂漏性《しろうせい》で荒れてしまった、となげいている人にしばしば出会います。そういう人は「よいと思った食べものを、そればかり毎日食べ続けた」といいます。食べる絶対量が多いために、気づかぬうちにアトピー体質の子を育んでしまったと思ってよいでしょう。

健康な赤ちゃんを産むために

元気な赤ちゃんを産みましょう

「元気な赤ちゃん」とは、たとえ生まれつきの障害があろうとなかろうと、その子に見合った状態でいきいきと生きている子どものことをいいます。また、五感がすぐれ、人とのコミュニケーションをたのしみ、草木の揺れや石や虫、動物など、いろいろなものに関心をもち、よくあそびます。うたに合わせてからだを動かし、リズムをとり、たのしげにふるまいます。

元気な子を育てる基本はお母さんの暮らしと食生活です。

既成の知識や周囲の人びとが押しつける固定観念に従ってばかりいると、せっかく赤ちゃんが送ってくれるメッセージ、サインを読み損じてしまいます。サインやメッセージの意味に気づかないまま、いろいろと説明をつけ解釈してわかったつもりになっていると、赤ちゃんはだんだんお母さんから離れていきます。

そうなるとお母さんは「本当にもう、ちっともいうことを聞かないんだから」「子育てってこんなに大変なんだわ。わたしばかり疲れてイヤになっちゃった」「手ばかりかかって、ちらかして、汚して、何とかならないの！」――連綿と子への憎まれ口が続き、ケチをつけ、子を叱るお母さんになります。

赤ちゃんは、いつでもいちばん好きなのはお母さんです。大好きなお母さんを怒らせまいと気をつかい、許しを乞うています。子どものその態度でさえ、ときにお母さんには「何よ、コマシャクレて生意気ね！」と叱る材料になるので、子どもはどうしたらいいか困り果ててかなしくなり、泣いてしまいます。ごめんね、許してね、いい子ね……。

大脳辺縁系という、人間が人間らしくふるまうために、いちばんはじめからコントロールをするところがあります。そのはたらきは、赤ちゃんがもっとも幼い、いたいけなときからすでにはじまっていて、お母さんからの人間らしさのもっとも基本的な「におい」と「語りかけ」を受け取っています。

おっぱいのにおいがよくて、お母さんがらくに授乳し、よろこんでいるときをいち早くキャッチし、赤ちゃんたちはそのことだけに鋭敏に反射してよろこんでくれます。つまり、母からのいたわりを十分満足して受け止める脳の大切なはたらきの場といえます。

だから「おいしいおっぱい――いいにおいのお乳」を飲み、「よかったね、うれしいね。いい子ね」と話しかけると心から癒されていきます。母のいいにおい、お乳、癒しなどのバランスを上手に保ちましょう。いいにおいのお乳のもとは、お母さんの食べものです。

どのような動物も植物も、生きとし生けるもののすべて、みんなこぞってかならず食べものをとり、生命を維持しています。人間といえどもまったく同じです。食べものが足りてこそ人知がはたらき、文明を築き上げ、芸術が人びとをなぐさめてきました。政治・経済・文化、あらゆる人間社会のしくみは母の胎内にはじまり、赤ちゃんが乳を飲み、食べものに満ち足りてこそ社会は平和に安定してきました。その営みをあずかる母親のつとめはまことに大切なのです。

元気な赤ちゃんは、胎内に宿るもっと前からはじまります。女性の卵巣には卵母細胞が用意されて、時期がくるまで徐々に成長していきます。精子と出会えるのは一カ月に一回だけです。まことに運よく出会えると赤ちゃんが宿り、成長していきます。

胎児は母の食べものについて五感をはたらかせて、よろこんだり、苦しがったりします。ごはんを食べたときはよろこびます。冷たい牛乳を飲んだあとはいやがります。

温かいごはんはからだを温め、気持ちをおだやかにし、ゆったりとのんびりと大らかな性質の子どもを育てていきます。冷たいものは、キンキンと金切り声を出してよく泣き、なだめがきかないばかりか、気ぜわしく動きまわり、やることなすこと危なっかしくて、はらはらさせられる状態に至らしめます。

「性格だから……」と人びとはいうでしょう。そうです、性格なのです。性格は母の食べものの性質が影響しているのです。江戸時代の学者、人見必大《ひとみひつだい》の筆による『本朝食鑑』（平凡社、東洋文庫）という書は、食べものの温冷の性質を述べています。人にふさわしい食べものとは、成長とともに温冷の調和をよく考えて、昔の人の知恵を借り、たのしい人生を送ることができる糧のことだと思います。

母体づくり

健全な母体に健全な子が宿り、安全でらくなお産ができます。お産を意識しはじめるのは八カ月すぎてからですが、出産の準備は五、六カ月目からしておきたいものです。

一部の助産所には、母体づくりのためのヨガ教室があります。ヨガ体操により、全身の緊張と弛緩をリズミカルに調律できる訓練をします。ここで呼吸法を学びます。吐く息を長く続けて、腹圧を有効に利用する訓練をします。下半身の脚の開排運動と呼吸とを合わせると、赤ちゃんが通って出てくる産道の周辺の組織を柔軟にし、丈夫にします。ヨガ体操は安産に向けてのプログラムとして利用しやすいですが、一般的には家事労働をしたり外で働いていると、立ったり座ったり、動きが活発になる分だけ安産につながります。

小さく産んで大きく育てる

お産は軽いほうがいい、安産がいい、つるんと、ころんと、作家の故深田久弥のごとく「お母さんがうんこをするみたいに、するっと僕は生まれた」といわしめたい。そんないいお産をするぞと決めてください。

骨盤の骨で囲まれた産道を「骨産道」、筋肉で支持された部分を「軟産道」といいます。軟産道は子宮の膣・外陰のように薄く伸びきり、普段より拡張して赤ちゃんの頭が通りやすくなるようにできています。ところが骨産道は建物でいえば鉄筋に相当し、容易に伸び縮みできるわけではありません。

　正常な出産の場合、赤ちゃんは頭を先にして産道へ突っ込んでいきます。赤ちゃんの頭の骨はまだやわらかく、すきまがあるため、互いに骨重積《こつじゅうせき》といって重なり合い、できるだけ産道に合わせて小さくちぢこまって産まれようとします。でもお母さんの側は、一定の広さで決まった産道ですから、互いに不均衡にならぬようにしあって、児頭《じとう》がするりと抜け出てくれることを望みます。

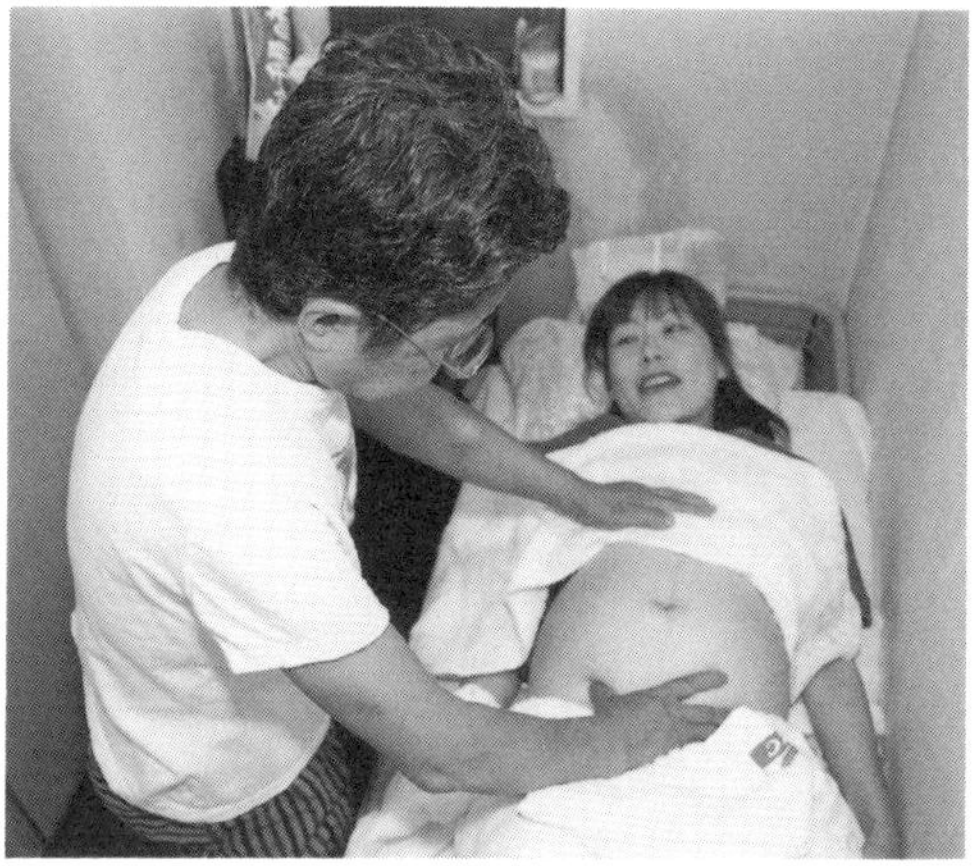

　狭い産道に対して大きい児頭では、児頭が骨盤を通過するとき不均衡を起こしやすくなります。この場合には産科手術がなされますが、このとき、赤ちゃんの頭蓋内の故障も起きやすくなります。呼吸も不規則になりやすく、難産になりやすいのです。心身障害の多くはこのトラブルによる例が多いともいわれます。

　体重が二六〇〇〜三〇〇〇グラムほどまでの赤ちゃん

は、たいていのお母さんに対して不均衡を起こしません。そのためには妊婦はよく働き、よく動くことが大切です。床の拭きそうじを推奨した、昔の知恵にしたがっての暮らしを心がけてください。妊娠八、九、一〇カ月は、とくに赤ちゃんが大きくなりやすい時期ですから、産休をとり、のんびり暮らし、運動不足でよく食べているとますます大きくなります。できることなら、油と砂糖、くだものを加減するだけでよいですから、普段より五〇～一〇〇キロカロリーほど減らした食生活が望まれます。

妊娠三八週から四二週までのあいだに産まれるように祈ります。赤ちゃんの目方を二八〇〇グラム～三〇〇〇グラムに仮に設定します。その目方のころに産まれておいで、と語って聞かせます。

小さく産むためのコツは、妊娠中はよく働くことです。トイレそうじを一生懸命にやると安産につながるという言い伝えは、あながちうそではありません。立ったりしゃがんだりは、骨盤底の筋肉を柔軟にする効果があり、それとともに、おなかのせり出しが小さいほうがらくなお産になるという人びとの知恵がはたらいているのです。

また食生活の注意事項として、近年いわれているような、アレルギー児にしないための回転食の摂り方も有効です。安産のための食事として注意したいのは、塩分と油脂を摂りすぎてはいけないということです。加工食品や肉類は、塩分を知らないうちに摂りすぎることがあるので気をつけましょう。もともと胎児を育むように、からだ全体がややゆるめになっています。自然の力に、理屈で対することがないよう気をつけたいものです。

妊娠八カ月をすぎてからは、おなかが急に目立って大きくなり、胃を圧迫するので、一回の食事量が減ります。少食でよくかんで食べる時期になったのです。

一日に必要な総摂取カロリーの規定量とされている一八〇〇～二〇〇〇キロカロリーを摂ることができない、と心配する必要はありません。むしろ、やや少なめに食べるので血液は薄くなり、貧血気味になります。大きな胎盤の実質は絨毛《じゅうもう》といういきわめて細い血管ですが、ごく細い血管のなかを血液が潤滑に流通するためには、健康な妊婦がしばしば陥る妊娠貧血でさえ、理にかなった状況なのだ（ミシェル・オダン博士談）との考えは、安産を求めて努力してきた助産師の思いを支持してくれる言葉です。

頭が下がってきて自然分娩へと向かうのですが、下半身が上半身より冷たい人の場合、しばしば「さかご」といって、頭が母親と同じ上の方へ向かってしまう例があります。

下半身をよく温め、両足の小指の周辺に鍼灸治療やイトオテルミー療法を実施すると、まもなく赤ちゃんが自分から頭の向きを下方へ変更することがあります。しかし、そのまま「大丈夫よ」と生まれてくる子も大勢います。わたしの孫娘もさかごのままで、つるん、ころん、と生まれて両親やまわりの人びとを感心させてくれました。

心はたのしく

純粋倫理運動の先覚者である丸山敏雄先生は、『無痛安産の書』(社)倫理研究所)を著しました。そのなかで「安産五則」を説き、妊婦を励ましておられます。妊娠中はもちろん、出産するときもこの安産五則をメモして持っているとよいと思います。

ここにその五則を紹介します。

〔安産五則〕丸山敏雄

一、お産は、自分の力でするのではありません。大自然の大きい力で、かならず無事に生ませていただく。きっと安らかに、生ませていただく。すべてを、この偉大な力にお任せ致しましょう。

二、いつだろう、いつだろうと、待ち過ぎていらいらしたり、気をもんだり致しますまい。ちょうどよいとき、よい所で生まれます。みんなお任せして、落ちついた心で暮らしましょう。
三、産気づいても、すべて自然に任せておりましょう。自分で生もうと、力んでみたりあわてたり致しますまい。
四、女のほまれ、妻のほこりと、ちょうどスタートラインに立ったようなひきしまった心で、何も考えず、何も思いますまい。
五、もし、万一、心が決まらぬときは、日頃信ずる神仏の御名をとなえ（心のなかで）、また、我が母の名を一心に念じましょう。そこに偉大な力が現われて、いとも安らかに生まれてまいります。――『無痛安産の書』より

出産の準備

産後の手伝いはどうする

はじめての子を産むときは、産後のお手伝いがなくても夫婦二人でやっていけるでしょう。そ

れは、日ごろから生活のあらゆることについて自律して要領よくできている人たちの場合、日常の暮らしが質実剛健であるところから二人でいつものように質素に静かに過ごしたいと思うので、手伝いの人を必要としない例が多いのです。実家の母や姑が慣れない家に来て、異なった食習慣になじめず、けんかごしになるようなこともあるので注意したいものです。

二人目以上の出産のときは、産院によっては、夫も上の子も一緒に過ごせるように配慮してくれるところがあるので、その場合には手伝いの人はいらないでしょう。

三人目以上になると、上の子の幼稚園や学校への登園登校があります。そのときの身仕度をてきぱきとはできないこともあります。ベビーシッターを時間決めで依頼することを考えておくとよいでしょう。

実家や親類の人からこころよく手伝いの申し出があれば、気安く頼むのも大切です。食習慣の違いについてはいくらか譲歩して、「母乳にいい食事のため質素にしたい」ことを伝えるチャンスにするとよいでしょう。

里帰り出産について

航空機利用か列車かを決め、およそ九カ月の終わりごろには帰省することにします。里帰り先の助産師や医師には、あらかじめ現在受診中の担当者から連絡票をもらって渡すことが大切です。

赤ちゃんを迎える住環境

都会の狭い居住環境をよく吟味しなければならない人もいます。また、広い住居の人も、産後の育児に便利なように家のなかをととのえてください。

寝る場所は、畳の上が最良です。イギリス人でさえ、「ベッドの下に畳を敷いてみたら、大変からだがらくになって健康を取り戻した」と語っている人がいます。赤ちゃん用のベッドは不用のことが多いのです。ベッドに寝かせるとよく泣きますが、母の寝床ならあまり泣かないといいます。ベッドを使う場合でも、お母さんが立ったり座ったりせずにすむ高さで統一しましょう。

壁ぎわに危険物がないか調べます。落下物の危険として多いのは、本棚の本、そしてタンスの上に積み上げてある箱類です。そのほか、床または畳の上の危険物としては、電気・電話・ガスなどのコードやホース類です。部屋の片すみにまとめて収納します。

赤ちゃんの衣類について

季節に応じておよそ三、四組用意します。衣服棚は都会ならリースがあり便利です。四季を通じて、下半身、とりわけふとももや向こうずねを冷やすと泣く子になるので、スパッツや股引き型長パンツ、または長めのズボンを用意しておきます。布団は母の横に寝るようにしつらえます。おしめは一日に一〇回分の排泄があるとして、洗い替えを含め二〇~三〇回分あれば、たっぷりまにあいます。紙オムツは赤ちゃんがいやがるのでいりません。粉ミルク用品の用意は、安産のあとでは不用です。

連絡網のチェックを

夫を緊急にオンコールするときどうするか、夫が不在の夜中に陣痛が五分おきになったとき誰に頼むか、タクシーはすぐ拾えるか、自宅で産むなら来宅してくれる助産師への連絡はわかるか、立ち合い出産なら夫と上の子どもの支度はすぐできるようになっているか、などチェックしておきます。

お産法あれこれ

自然なお産と不自然なお産

自然なお産を望むという人は、お産に対して積極的に、前向きに真剣に取り組んでいます。彼女たちは、「自然なお産とは『自分自身が産む当事者であり、医療的な介入は最小限度にとどめ、家族とわずかの女友達か助産師に見守られながら、安全に産みたい』という意志が尊重されること」と明確な意志を貫いています。

一方、不自然なお産については、当然ながら産む本人もまわりの人も確固とした考えをもっているわけではありません。ただ、お産をしてみたら、結果的に自然なお産とはほど遠いものだったらしい、とわかるだけにすぎません。

自然なお産を望む人びとが、日常の労働や睡眠や食べものにことのほか気をつかい、二八〇〇グラムほどの大きさの子をイメージして、「自然につるん、ころんと産むぞ！」という工夫や努力をしているのに対し、結果的に不自然なお産になってしまったと思う人たちは、はじめから、日常生活のなかでさほどこだわりを持っていないものです。つまり、現代医学の管理下での出産法に対して全面的に信頼を寄せているのであって、そのもとで安全で安楽な、そして自然なお産ができるであろうことを信じている人たちである、といえます。

一般的に、人びとが「自然なお産」というとき、帝王切開によらない経腟分娩《けいちつぶんべん》を指します。しかも吸引遂娩《すいべん》や鉗子遂娩《かんしすいべん》によらず、胎児の産まれる力と、母の産み出す力により娩出《べんしゅつ》する状態をいいます。

産科学や助産学の考え方では、正常な妊娠経過を経てやがて九〇％は正常な出産を迎えるものだと信じられています。そして「自然なお産」という表現をせず、つねに「正常か異常か」の範ちゅうで考えるくせがついています。それゆえ、助産師の守備範囲として「正常妊娠から正常分娩と正常産褥《さんじょく》と正常新生児」を取り扱うのが役割であると決められています。

医師にバトンタッチすべき異常な妊娠や分娩と産褥、新生児の状態を的確に瞬時に判断すべきことを課題として取り組んでいるのが助産師職能集団です。

助産師が目標とする「正常さ」と、産む側の一部の人びとが期待する「自然さ」は、ともに一致するものだといえます。医療職にありながら、助産師は法的には「メスやくすりやX線を用いることは許されていない」のです。ただし、超音波画像診断や分娩監視装置によって誘導される画像診断などは、現状では許された行為とみなされています。その取り扱いについては国家試験問題として出題されており、多くの助産所にはそれらの設備があります。

メスを用いないということは、すなわち助産師の出産介助においては、あくまでも「自然な進行にまかせて待つこと」が特色であると理解されるでしょう。

お産は「案ずるより産むが易《やす》し」とよくいわれます。つまり、くよくよしても仕方がない、天にまかせて産ませてもらうのだ、自然のしくみを信じてときを待つことが結果的によいお産となる、という妊婦への励ましの言葉でもあります。

人びとは、「これだけの努力で日々の暮らしをととのえてきたのだから、絶対によいお産となる」ことを信じていますが、医療サイドとしては、そのときになってみなければわからない突発的事態がしばしば起きるのも実情です。

わたしがかつて遭遇したことがあるのは、さかご（骨盤位《こつばんい》）、微弱陣痛《びじゃくじんつう》、分娩遷延《ぶんべんせんえん》、胎盤早期剥離《はくり》、子宮破裂、帝王切開、吸引遂娩、切迫仮死、早産未熟児などというような、さまざまなありふれた異常妊娠と異常分娩のあらゆるケースでした。これらの異常は、予測可能なものから不可能なものまでいろいろです。

精神予防性無痛分娩からラマーズ法へ

わたしの手元に一枚の認定証があります。若かりしころに、旧関東逓信病院（現ＮＴＴ病院）の笠原助産師が開いた「妊産婦体操指導者講習会」に出席したときの受講認定証書です。それは、日本赤十字社本部産院（現日赤医療センター）医師の菅井正朝先生や自治医科大学名誉教授の松本清一先生らとともに、パブロフの条件反射を応用した呼吸法を妊婦体操をもとに調整することにより、陣痛の波を上手に乗り越えることができる、しかも呼吸の息により胎児を安全に守りながら母親は心身一如の無我の境地に達することが可能である、安全で安楽なお産をイメージして陣痛のつど円を描くように胎児をなで、間欠時のくるのを待つという教えでした。

これを精神予防性無痛分娩法と呼び、一九五〇～六〇年代の出産法のひとつでした。七〇年代に入り、アメリカのウーマン・リブの動きとともに、多くの女性たちが医療サイドへのおまかせではなく、自分の出産に対して主体的に考えるようになり、自然なお産に対する模索がはじまりました。

当時、フランスの産婦人科医であるル・ボワイエが『暴力なき出産』を著し、出産に対する医学的管理法の介入は、いかに新生児の立場を無視した暴力的なものであるかを訴えました。医療側の人間にとってはごく日常的な手順であり、かつあたりまえであった産室管理に対する批判でした。

たとえば、分娩室の照明の強さは新生児に対してまぶしすぎるとか、医療器具を扱うときの金属音が、いかに新生児のナイーブな神経を傷つけるか、また、当然ながら鉗子《かんし》や吸引によるお産は児頭《じとう》に苦痛を与えることが述べられていました。

新生児サイドから好ましいとされる出産法は、母親側の心を充足する方法でもあります。

フランスのフェルナンド・ラマーズ博士はこれに対応して、笠原助産師や菅井・松本両医師がすでに助産師に

も一般向けにも教育活動をしてきていたパブロフの原理にもとづく精神予防性無痛分娩法と共通した出産法を行ない、人びとの信頼を得ていました。ドクター・ラマーズのもとで出産したある母親は、充足した出産法に感激して『ラマーズ先生ありがとう』という本を著しました。

主体的に、しかも母子ともらくに安全に、暴力のない状況で出産できるラマーズの方法は、たちまち世界中の人びとの心をとらえました。日本でも、七〇年代に「医療から出産を取り戻す会」というミニサークルで、ラマーズ法と母乳育児法が取り上げられていました。そのなかの一人の母親が、今は亡き三森孔子《よしこ》助産師を説得してラマーズ法を実施する助産院に育てていきました。また、聖母短大の故尾島信夫医師は無痛分娩法研究会を主宰し、わたしのような助産師たちの出席も許しての検討会を開いたり、自然避妊法（粘液法）の指導と連動させて助産師にラマーズ法を指導しました。

笠原氏らの指導が主に腹式呼吸だったのに対し、尾島氏は胸式呼吸法の立場からラマーズ法の長所を指導しました。全国各地の助産師向け講習会は盛況で、臨床研究はあっという間に燎原《りょうげん》の火のごとく広まり、今や知らぬ者とてないラマーズ法は、わが国に確固たる基礎をつくり出しました。以来、三森助産師指導による助産院のあらたな活動と、尾島医師指導による大病院における出産法の変革がはじまりました。いくつかの変法も出て、母親学級といえば「呼吸法（ラマーズ法)」を実習するところにさえなりました。

アクティブバース出産法について

ラマーズ法はひとつの形式を呼吸法を中心に完成し、臨床応用されている方法として定着したかにみえます。しかし、形式にこだわるあまり主体性が損なわれて、助産師のリードに依存する人びとも増えました。これに対し、本来の「わたしが産む」という主体性に裏打ちされた、積極的な出産法を指導する人たちが多くの著書を出版しました。

日本でも、出産準備の教育者であるバース・エデュケーターが、助産師とは別に活動をはじめました。戸田律子、きくちさかえ、清水ルイーズといった人びとは、本来なら助産師がすべき産前の分娩準備教育を、非医療従事者サイドから高度の教育学や心理学の理論を応用して指導しました。夫婦を一組ととらえて、夫の同伴と参加を推進し、そして、赤ちゃん誕生のために最良の状況をととのえ、心的外傷を最小限度にとどめられる出産法を「アクティブバース」としてひろめました。

夫婦二人の出産に対する心がまえや態度の変化により、やがて誕生する子どもの育児法に対しても主旨一貫したものとして合意が得られやすくなり、家庭内における意見の不統一が少なく、安心して子を育てられるとして母親たちから高い評価を得ています。いわば、育児観の確立を妊婦に指導していると思います。

イメジェリー

出産場所や出産法、出産スタイルに拘束されず、出産する人自身が、自由にわが子の産まれ出るみちすじをたどり、安全に、らくに産まれることを周囲の状況も織り込んでイメージとして自分の脳に焼きつけます。「心頭滅却すれば火もまた涼し」といいますが、思えばかなうそのたとえのごとく、瞑想によって自然でらくなお産で赤ちゃんが産まれてくる苦痛を少しでもやわらげ、充足できるお産のイメージ化を心に強く念じます。

わが国でも助産師向けに熱心な医師による講習会が開かれ、ひろく臨床応用されて好評を博しています。科学的思考の人も情念的思考の人も、ともにわが子の誕生の瞬間に対し深い思いを抱いています。

いくらかの不安と大きな期待に包まれ、夫婦の思いが一致するこのときには、二人のイメージは究極的な点で一致し、大きな波動として共鳴しあいます。みずから描き想念した、イメージのままの出産法が実体験できたと感謝する夫婦もいます。時代性に合った出産法だと実感します。

近年、多くの人びとは、実は「食べものをととのえる」だけでイメージの具象化を体感しやすいことを日夜経験しています。出産はまさに、そうしたイメージをなぞることで夫にも追体験できるものと思われます。

水中出産法

フランスのミシェル・オダン博士は、下半身の保温が出産によい影響があることに気づきました。はじめは入浴後の出産を奨励していたところ、やがて専門の道具が使用されるようになり、日本では助産師ではない人の指導による「水中出産法」講習会も開かれ、会員を募り活動していました。今日では、助産所のみならず、病院でさえ赤ちゃんを水中に産み出す方法がとられています。具体例の紹介として、助産所における自然出産の一部始終をカラー写真で収めた、片桐弘子著『生まれる瞬間』（地湧社）という本がありますので、ご参照ください。

ところが近年、オダン氏は来日された折、水中出産の現状を批判して「かならずしも水中に産まなくてもよろしい。分娩前に入浴するだけで保温効果がはたらき、らくに産める」と説明されました。日本では、大根干葉《ひば》の腰湯《こしゆ》あるいは半身浴が分娩におよぼす効用が知られています。

お産のヴィジョンをもつ

産院えらびのコツ

皆さんが、どこでどんなお産をするのかを考えるとき、その判断基準は一体どこにあるのでしょうか。それは、お産をする人の数だけの判断基準があり、実に個別的で、多様性に富んでいるといえるでしょう。

また、今日では、助産施設の側も可能なかぎり、個別性と多様性に対応できる看護力と医療体制をととのえています。しかし、受け入れ側の思惑と利用者の思惑が、ときに合致しないことがあります。利用者が満足のいくように、つまり失敗しないように自分の考え方と見合った助産施設にめぐり合うということは、結局、自分自身がお産とどう向き合うかが問われているのだといえるのです。

ちなみに、ある病院では分娩料四〇万円で、ごく普通のサービスをしていましたが、あるとき院長の判断で、現代の母親のニーズにこたえる産院をめざして改善することに決めました。建物はそのままでも、内装をリフレッシュしてアンティークな家具調度類をととのえ、寝具もカーテンも一新して、画報のグラビアページのように美しい部屋になりました。また、各室ごとに電話とファックスを設置しました。ことに、食事メニューはもっとも重要な要件と考えられていたので、専門のシェフに依頼して、産婦の注文に応じた好みの食事を用意してみました。

分娩料金は、従来の倍額以上にアップしましたが、前より分娩数は増え、好評を得られるようになりました。そこでお産した母親たちは、「一生の間に数回ぐらいしかない大イベントとしてのお産だから、最高にリッチな気分で、まるで女王様のようだった。幸せで大満足な経験でした」「病院選びは大事だし、成功だった」と口々にいいます。

ただ、そこで働いている職員の話だと、「妊婦たちの乳房は緊満してカチンカチンになり、痛み、赤ちゃんは飲みつかず、結局は母乳栄養を確立しきれぬまま退院した。一カ月検診のときには、すっかり母乳をあきらめていた」とのことでした。

また、ある大学病院は「計画分娩ができること」「麻酔による無痛分娩を望むなら日本一のスタッフがそろっていること」をキャッチフレーズにしていて、とても好評です。看護スタッフ全員が、新生児の気管内挿管が完全にできる技術をもっているので、麻酔によるスリーピング・ベビーが誕生しても、仮死状態にはならないのです。気管内挿管とは、呼吸停止の赤ちゃんを蘇生させる高度の医療技術であり、あやまれば赤ちゃんが危険になります。こうした医療チームへの信頼と対応に満足している産婦は、「その大学病院を選んでよかった」といいます。

これらの例をみると、もし産む人が「母乳育児がうまくいくように」と考えるのであれば、前出の病院選びは失敗だったと思うことでしょう。自然な陣痛と分娩を待ち、出産直後の元気な赤ちゃんに触り、うぶ声をはっきり聞き届けたい、と望むなら別の病院を選ぶべきだったとわかります。

らくなお産は自然なお産

「自宅で自然出産をしたい、しかし、しっかりした医療スタッフに介助を望みたい」という人も、徐々に増えてきています。

これにこたえようと努力しているのが、正常分娩の取り扱いでは「業務独占」を法的に保証されている助産師です。正常分娩のプロとしては助産師が、異常分娩のプロとしては産科医が、業務を分担して産婦の望みに対応しようと、さまざまなこころみがなされています。

Kさんは、「わたしの望むお産」についてびっしりとあらゆる条件をならべ、書き出して持ってきました。「この条件を満たすところを選んで紹介してほしい」というのです。それに対してわたしは、Kさんの自宅に至近距離で、手伝う実家の親が上の子を連れて歩いていけるようなところならどこでもよいといって、紹介状は書きませんでした。また、医師ではなく、病院の助産師とよく話し合うようにとも伝えました。

Kさんは、「助産師にそんなことをいっても、とても無理だと思う。こんなことを聞いてもらえるとは思えない」としぶっていました。

そのいくつかを述べると――、会陰切開をしたくない、剃毛はいやだ、浣腸はしないでほしい、監視装置をつけるのは最短時間にしてほしい、陣痛開始から生まれる寸前まで自由な姿勢でいさせてほしい、点滴注射はしないでほしい、分娩の姿勢も好きな体位でいたい、食事は家から持ち込ませてほしい、見学生や研修生がそばにいないようにして、助産師とできれば女の先生にいてもらいたい、可能な時間帯であれば夫と子どもを立ち合わせてほしい、などなど。

Kさんの希望は、「産む自分自身がどんな状況におかれたいのか」を基本にした「病院選び」の例です。Kさんは、病院の助産師と時間をかけて話し合った結果、ほとんどの条件を満たして望みどおりのお産をしたと大満足でした。

また、Fさんは「母乳で育てたい」と思いました。FさんはS医院の近くに住み通院しています。「そこでお産をしても大丈夫」と、わたしは至近距離にあるS医院のよさを強調しました。母乳育児に対して、S医院はまったく無理解、無頓着です。でも「それでいいのだ」というのは、Fさんは、食べもののことや、乳房への手当て法や、うまく飲ませるやり方についての実際的、具体的なことを、わたしのところで学び、わかっているからです。また、近いところなら出産後早めに退院させていただいて、自宅で自分と子どもの世話ができるので安心してよい、と話しました。結果、FさんはS医院でのお産に満足しました。

以上、いくつかの例を述べましたが、「らくなお産は自然なお産」です。赤ちゃんにもストレスが少なくてすみます。

母親に安心して出産に臨んでもらうために、助産施設は充実してきています。それを自分に都合よく利用する知恵をもつべきです。その知恵のもとは、自分はどんなお産をしたいのか、赤ちゃんはどのように育てたいのかを、はっきりわかっていることです。大ざっぱには「安産で」

「丈夫な子に」と想像していても、それをもっと具体的に言葉にしてみないと、本当は自分はどうしたかったのかはっきりしません。それなのに、実際は「思うようにされなかった」と不満が出るのです。Kさんのように思ったことを書き出してみるとよくわかります。

「そんなことは無理」と決めているのは、母親自身だったり、周囲の人だったりします。助産師がいるかいないかも確かめず、ぼんやりと通院していて、どうしたらいいかわからなかったということがないようにしたいものです。

医療にたよりすぎないこと

Yさんは、「先生におまかせして、親切でやさしい先生を信頼していた。ところが、身のまわりのこまかいことは先生にはわからないようだった。会陰切開のところが化膿して、抗生剤を飲んでいたら赤ちゃんがおっぱいを飲まなくなってしまった。そのあと、今度は子宮収縮が悪くて五〇〇ccも出血し、点滴はしたが貧血のようで頭痛がしている。赤ちゃんを抱く気もせず、産後の回復が遅れている」といいます。

Yさんの例は、きちんとした医療看護体制のなかでも起こりうることです。病院選びの間違いというよりは、出生したときの赤ちゃんが三・七キログラムと大きく、妊娠中の食生活が影響して、母体の尿糖や尿たんぱくが少量とはいえ陽性だったことも関係しています。

Yさんが、もし、自然育児をしている友人に出会っていて、妊娠中やお産の経験談を聞いていたりしたら、状況は違っていたと思います。

産院選びに失敗しないためのコツは、「妊娠したときから毎日の食事を大切にして、太りすぎを防ぐこと」「赤ちゃんに『小さく産まれておいで』と語りかけて、自分がお産をするのだと自覚し、どこでお産をしてもよいといえるような状況をつくること」です。安産をめざせば、どこで出産しようと結果はよいのです。

出産場所のメリット、デメリット

わたしは、一九九八年に『ザ・自宅出産・水中出産』（新泉社）を監修刊行しました。

病院以外の場所での出産に対して、現代の母親たちがどう考えているか。もし病院以外の場所での出産を希望したとするなら、その動機は何だったのか。自宅出産や助産所出産の体験は、病院出産の場合とどう異なったか、その違いはなぜ生じているのか。

出産方法については、通常の場合は胎外から大気中へと出産するが、あえて水中出産を選んだのはなぜか。夫が出産時に立ち合い、ともに出産経験をしたいと考えたか。立ち合った経験は、その後の家族関係に何か影響を与えたと思うか。

上の子どもたちをお産に立ち合わせたか。子どもを立ち合わせた結果、家族と兄弟の関係はどう変化したか。

以上のようなことについて自由に書いてもらい、まとめたものです。

女の歴史、政治、経済、社会、教育に関しては多くの書物が刊行されています。そして、それらの本のなかで、女は母としてしばしば出てきます。しかしながら、女が産むこと、その事実について、わたしたちが知ろうとしても、そのような本はなかなか手に入りません。だからわたしたちは、今日におけるお産の事実を語っておかねばならなかったのです。「出産場所別のメリット・デメリット」を経験的に網羅している本といえますので、一読をおすすめします。

出産場所別に取り扱いの差が生じるのは、担当の医師と助産師がお産をどう考えるか、その立場上の違いが大きいのです。正常産は助産師が扱い、異常産を医師が扱います。正常と異常の差はむずかしい判断を要します。正常だと思っていたのに、一瞬のすきに異常になることがあります。どんなお産に対しても医師・助産師ともども、最悪の場合にいたる危機感をもち、予測し対応する態勢を敷いて構えているのです。

ここで、「デメリット」というとき、現代の母親たちの体験記から見えてくることは「医療技術のよけいな介入」です。医療側は「異常事態を予測し対応を早め、予防的な立場から救命救急の一端として介入したい」のです。他方、産む側は「正常出産を念頭におき自然に産みたいから、ぎりぎりのところまで介入しないで待ってほしい」のです。その両者の調整をはかるのはむずかしいのですが、助産師はその役割を担っています。

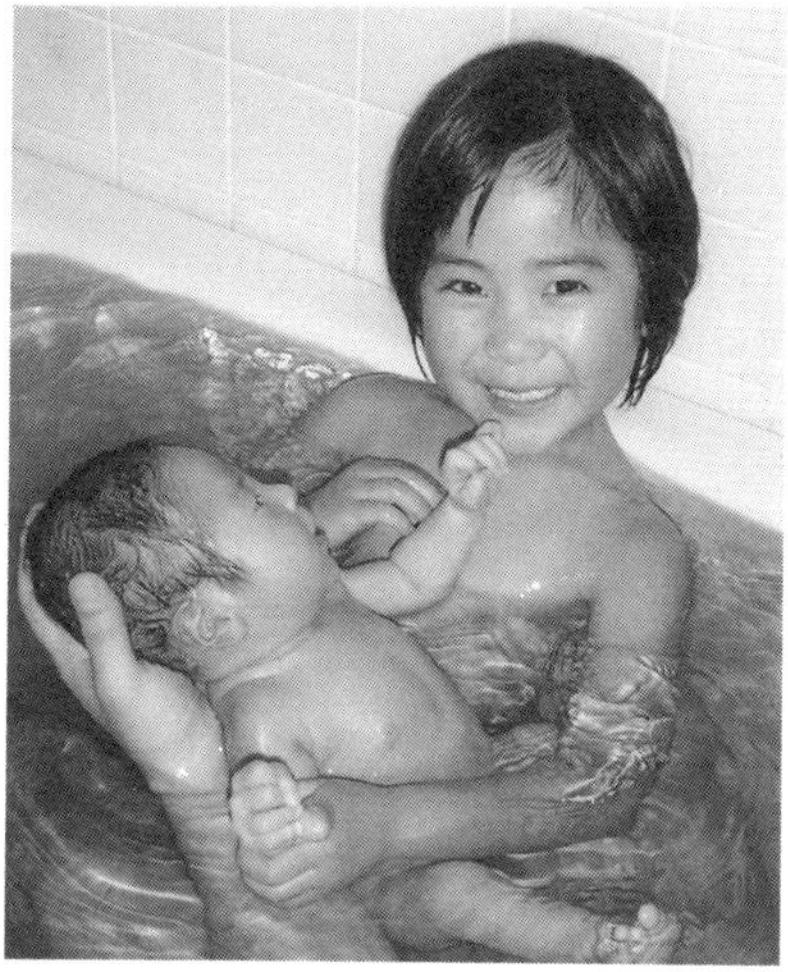

助産師の存在すら確かめず、おまかせにしていてはメリットもデメリットも語れません。また、妊娠中の食生活や家族間の糖尿病の有無などによってもメリット・デメリットは変わります。

大切なことは、どこで産もうと自分らしさを失わないようにすることであり、その自分を支えて家族ともどもに取り組める意志の統一の固さだと思います。

夫の立ち合い出産がもたらすこと

近年、出産時に夫が立ち合う割合は増加してきました。とはいうものの、予備的知識や訓練がないまま出産の現実を直視し、とまどってしまう人は非常に多いのです。

夫を信頼し、夫もあなたを大切にし、わが子を迎える心の準備ができていたとしても、立ち合いだけはごめんこうむりたい、と思う夫がいるのは当然です。だからといって、夫が冷たい心の持ち主だというわけではないでしょう。あなたが夫の立ち合い出産を望むならば、まずは夫の気持ちをしっかりと確かめましょう。

もし、強引に口説き落として夫が渋々その気になったとしても、だからいわないこっちゃない、つまり、ショックの受け方が大きくなる場合があるので注意が必要です。

立ち合い出産のあとのショックで、セックスレスになる夫がいます。また、出産シーンの夢にうなされて恐怖症になる人もいます。なかには、最愛の妻に陣痛と出産の苦痛を与えたのは赤ん

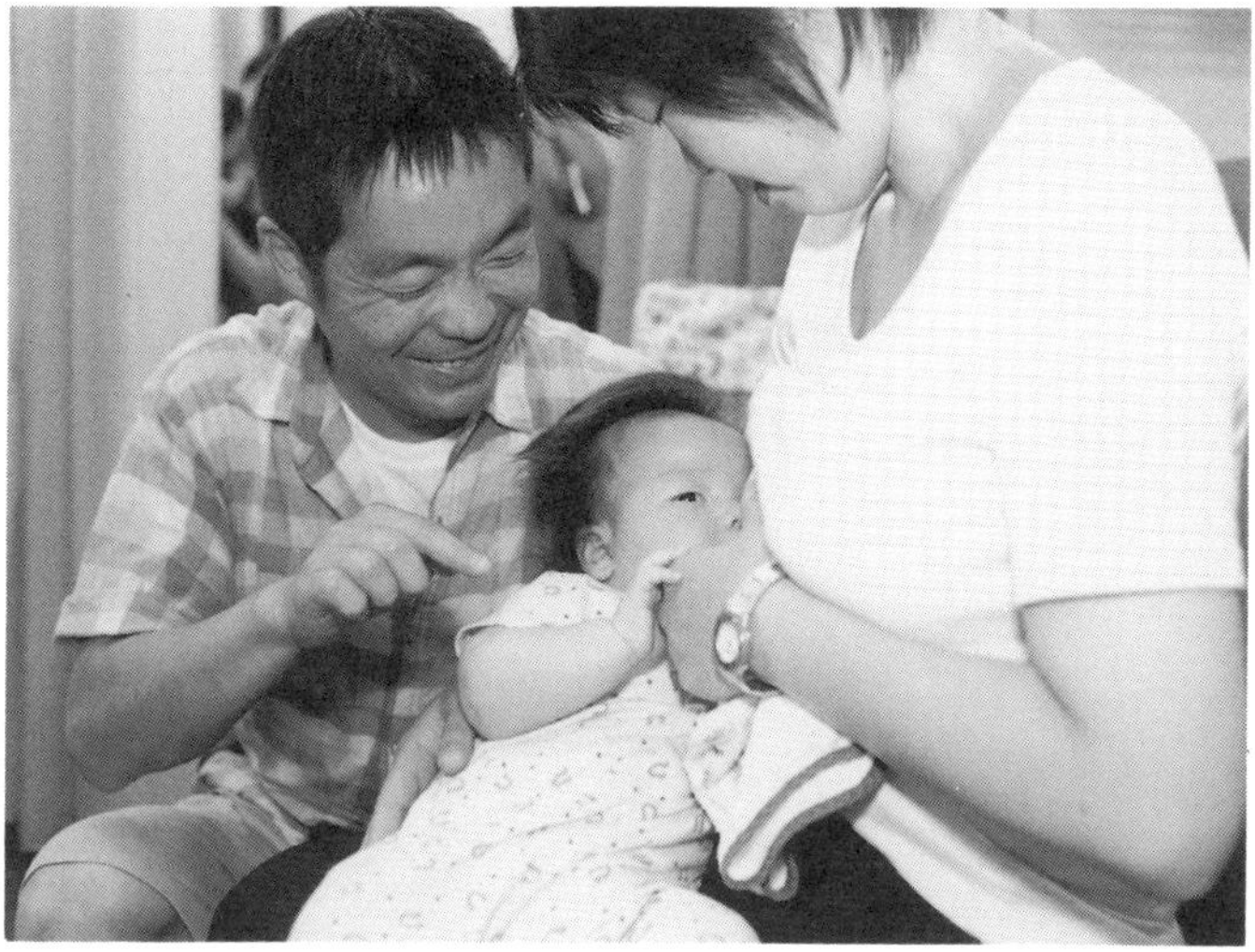

坊だと思い、子どもが憎たらしいと思えてきたなどと、ノイローゼ状態になる人さえいます。

アメリカにおいては、立ち合い出産後の夫が受けるショックの大きさを配慮して、産科医は立ち合い出産を安易にすすめるべきではないとの警告が発せられています。病院での出産が九〇％を占める日本でも、夫のショックを懸念する医師は立ち合いを禁じています。

一方、助産師のなかには夫の立ち合いを奨励する考えの人も多いです。その理由は、みずからの出産経験を振り返り、女性の気持ちとして正直なところ「夫にそばにいてほしい」との思いが強いためです。また、お産を日常の暮らしの一部と思えば、できることなら夫とともに寝ているベッドで、いつもの寝具のまま、コロッと産み落として

「アラッ、産まれたよ」といったあんばいに夫が自然に手を出してくれたらいいのだが、などと願っているからなのです。

しかし産院の現実は、医学的管理のもと、白い布や金属のテーブル、医療器材、まぶしい照明などが夫をドキドキさせます。そして、妻の苦しそうな顔を見てもどうしたらよいのか困ります。

夫が立ち合うなら、夫が何かひとつの役割を持つとよいでしょう。呼吸の誘導をするとか、後方から妻のからだを支える、水中出産ならば湯の準備をする、カメラマンに徹する、臍帯《さいたい》（へその緒）切断と沐浴を手伝う、などといったことです。それが可能なのは一部の病院か助産所、または自宅出産になりますが、いずれにせよ、夫の気持ちを汲んでよく話し合って決めましょう。

お産で気をつけること

赤ちゃんへの呼びかけ

心音を聞き、超音波の影と形を眺め、動きを感じて、さまざまな思いを寄せ続けてきたわが子に、今はじめて出会いましたね。あなたはお産のとき、生まれてはじめて眺めたわが子に対して一体なんといってしゃべりかけたか覚えていますか？　また、これからお産される方はどういうのでしょうか。

甲南女子大学の小林登教授によると、イギリスの産婦さんは「はじめまして」「こんにちは赤ちゃん」「あなただったの」という呼びかけを、「オー」「ハーイ」「ムムム」などの感嘆詞とともに叫んでいたといいます。その話をうかがって以来、わたしも気をつけて聞き取るようにしてみました。

すると、国民性の違いがあるのでしょうか、日本の産婦さんは「ウワーッ」とひと声出したあとは、黙ったままの人がほとんどです。出産介助をする人びとが周囲にいるため、赤ちゃんとたった二人だけで静かな時間を持ちにくいせいでもあるでしょう。「オー、わたしの赤ちゃん」と呼びかけるのはちょっと照れくさいのだと思われました。そして次に出る言葉は、赤ちゃんに向けてではなく、「五体満足ですか」とか「夫に連絡してください」などです。

とにかく大変冷静に、よそゆきの表情のまま赤ちゃんに対応するのですが、もし、出産場所が自宅へと移ったならば、赤ちゃんへのしゃべりかけの内容も変わると思います。

うぶ声は泣くのではなく啼くのです

赤ちゃんがうぶ声高く、元気よく発声するのを聴くのは、よろこびに満ちた至福のときです。助産用語では、うぶ声を「泣く」ではなく「啼《な》き泣く＝啼泣《ていきゅう》」といいます。泣くというと、甘えやぐずつき、かなしみ、苦痛をイメージするところがあります。これに対して「啼く」というのは、鳥が「啼く」に用いられるごとく「さえずり」、活気にあふれて未来へと羽ばたくイメージを感じさせられるでしょう。

　ところで、現在では医学的介入といって、お産の際に血管確保のための注射や分娩促進剤や鎮痛剤を使うのは状況により当然の処置になっています。しかし一方で、自然のなりゆきにまかせた出産でつるん、ころんと生まれる子がいます。両者の差は、生まれた直後の新生児の行動に違いがあらわれます。

　前者では、目は眠たそうで、まぶしげにまわりを見まわし、口唇を舌なめずりしています。そのあとたっぷり寝入ってしまいます。

　後者の場合は、パチッと目を開きあたりを見まわします。呼び声に応じて声のする方を見つめます。見つめた方向に正しくほほえみ返します。「お父さんよ」

と呼べば父の声の方向を見つめてほほ笑んでくれるので、新生児の認識力は十分に備わっていることがわかります。そのためには、妊娠中からの語りかけも大切です。

高齢出産の注意点

臨床的には、三五歳以上の妊娠出産を「ハイリスク・プレグナンシー」と呼び、助産計画では、特別なシフトを敷いて対応します。しかし、年齢のことでの必要以上の心配は無用です。三〇歳前後でも気をつけなければならない人がいる一方で、四〇歳をすぎても柔軟な肉体の人もいて、人さまざまです。

厚生労働省の統計による「母の年齢別、周産期死亡数および率」（七一頁）があります。それによると、一九歳以下と四〇歳以上で高率であることがわかります。次いで三五歳から三九歳が高いといえます。表で示すとおり、周産期死亡とは、妊娠二二週以後の死産および早期新生児死亡をいいます。

死因としては、先天異常がおよそ二〇%、ほかに胎盤、卵膜、臍帯（へその緒）の異常が八

母の年齢別、周産期死亡数および率（2000年）

実数

	総　数			妊娠満22週以後の死産数			早期新生児死亡数		
母の年齢	総数	男	女	総数	男	女	総数	男	女
総数	6881	3532	3164	5362	2693	2484	1519	839	680
〜19歳	208	114	93	179	90	88	29	24	5
20〜24歳	917	469	431	711	372	322	206	97	109
25〜29歳	2369	1242	1054	1875	940	862	494	302	192
30〜34歳	2178	1100	1012	1652	820	766	526	280	246
35〜39歳	958	486	448	767	389	354	191	97	94
40〜44歳	215	103	108	168	77	87	47	26	21
45歳〜	13	6	7	10	5	5	3	1	2

率（出生1000対）

	総　数			妊娠満22週以後の死産比			早期新生児死亡率		
母の年齢	総数	男	女	総数	男	女	総数	男	女
総数	5.8	5.7	5.4	4.5	4.4	4.3	1.3	1.4	1.2
〜19歳	10.4	10.9	9.8	9.0	8.6	9.3	1.5	2.3	0.5
20〜24歳	5.7	5.6	5.5	4.4	4.5	4.1	1.3	1.2	1.4
25〜29歳	5.0	5.1	4.6	4.0	3.9	3.8	1.0	1.2	0.8
30〜34歳	5.5	5.4	5.2	4.1	4.0	4.0	1.3	1.4	1.3
35〜39歳	7.5	7.4	7.3	6.0	5.9	5.7	1.5	1.5	1.5
40〜44歳	14.3	13.5	14.6	11.2	10.1	11.8	3.2	3.4	2.9
45歳〜	31.6	27.8	35.7	24.3	23.1	25.5	7.5	4.7	10.5

厚生労働省の人口動態統計による．

○%にのぼります。胎盤、卵膜、臍帯は「命綱」です。このところに異常が起こる原因は十分にはわかっていませんが、妊娠中毒症は大きな要因です。

高齢出産の場合、日常生活のなかで疲労したり、いらいらしたり、不安だったりして、睡眠不足や対人関係の苦労も増える機会が多いので、胎盤や臍帯をしっかり形成するパワーが不足することのないよう、注意しましょう。

ともかく、自己のからだにはなかった新しい命を創出し、成長をとげさせる大きなエネルギー供給源が母体なのだから、母体が心身ともに老化してはいけないのです。

わたしたちは、周囲の人を見たときに、年より若いとか老けているとかいいます。高齢とはいえ、妊娠した以上はまだ老化していないのだから、つねに若さを保つ暮らしのあり方を心がけるべきです。その気力と体力が、胎盤を充実させ、卵膜を丈夫にし、臍帯を太らせます。

ただし妊娠中毒症の場合は、しっかり食事を正す必要があります。自己流ではなく、専門家の指示をきちんと受けるべきです。

微弱陣痛と分娩遷延

年齢とともにからだの組織は徐々に固くなっていきます。いわゆる加齢現象は自然のなりゆきです。

子宮は筋肉の集まった袋といってよいのです。子宮の形は洋梨のようになっていて、上半分のふっくらした側を子宮体部といい、下方のやや締まった方を子宮頸部といいます。

お産のときは、子宮体部は陣痛のつどしっかり引き締まり収縮します。逆に子宮頸部は徐々に薄い膜のように伸び、ひろがりはじめます。

初産婦では、一〇分ごとに子宮収縮が規則正しく来るようになってから、およそ一五〜一六時間たつと子宮頸部があたかも紙のように薄くなり、一〇センチメートルぐらい開きます。これを全開大といって、いよいよ児頭が外から見え隠れしはじめて出産になるのです。

ところが、陣痛開始から全開大になる時間には個体差があります。いわゆる安産という場合は、この時間が短くてすみます。これをつるんと生まれるとか、ころんと生まれると呼び、誰もがそういうお産をしたいと望んでいます。

しかし、高齢出産の場合は産道の組織が固く、ひろがりにくいこともあります。子宮の収縮が弱くなり、出口が開きにくい状態を微弱陣痛《びじゃくじんつう》と呼び、一六時間以上、ときには一八〜二〇時間もかかり分娩が進行しない場合は分娩遷延《ぶんべんせんえん》といいます。

微弱陣痛で分娩が遷延して、時間ばかりかかっていることを、難産と呼んでいるのです。これは母子ともに疲労します。疲労の結果は、赤ちゃんにとっても苦痛です。

胎児切迫仮死

胎児心拍数が急に増えたかと思うと、急に減ります。これが長く続くことを胎児切迫仮死といいます。切迫仮死のとき、子宮内で胎児が酸素不足になり、炭酸ガスが増えて苦しいのです。炭酸ガスが増すと、胎児は羊水中にありながらも呼吸をして、羊水を肺に吸い込むことがあります。また、肛門活約筋がゆるんで胎便が羊水のなかに出てしまうことがあります。すると羊水は、黄色みがかった濁りで汚れた色に変わるので、これを羊水混濁《ようすいこんだく》と呼びます。胎児に危険が迫ったサインであり、急いで分娩を終了させなければならない状況です。現代医学は、この状況にすばやく対応できるだけの要員スタッフと、医療機器および設備が進歩しており、救命救急には万全を期するシステムも行き届いてきているといえるでしょう。

新生児仮死

胎児切迫仮死から急速逐娩《すいべん》（吸引分娩、誘発剤、促進剤、帝王切開など）をしたあと、引き続いて新生児が仮死状態になることがあります。うぶ声高く啼《な》くことができません。まず気道を確保し、呼吸ができるように急がねばならないのです。遅れるほどに、脳への酸素供給が減り、ときには後遺症を残すこともまれではありません。はっきりした後遺症がないとしても、心の奥深いところに分娩外傷（心のトラウマ）を残すことが知られるようにもなりました。

トラウマを癒す術を知らぬまま、親子の人間関係がうまくいかないと悩んでいることが多いのです。生まれた赤ちゃんにベビー・マッサージをして癒してあげることも、その回復策のひとつとして知っておかれるとよいでしょう。

高齢出産——安産への転換

三〇歳までに三人産みましょう、と語り合った時代がありました。今日では、五〇歳までに三人産みましょう、と提案したいと思います。

すでに高齢出産に直面した人には、これを好機に自分の生活をあらたに改善することを提案したいと思います。

先立って、ベビーネンネのサークル活動をしている人から、「妹が四二歳の初産だが、できるだけ帝王切開はしたくない。経膣分娩でこころみてくださる産院を紹介してほしい」との相談がありました。M先生を紹介したところ、「高齢初産婦なので帝王切開が最も安全」との診断でした。妹さんは、半ばあきらめてそれもやむを得まい、との心構えはできていたようです。

わたしたちも妹さんの妊婦健診を行ないました。すると、四二歳という年齢を感じさせないほどからだが柔軟でした。また、丈夫なからだで、むくみもたんぱく尿も高血圧も出ていません。食事はおよそ一四〇〇から一六〇〇キロカロリー以下の穀物主体で、和食中心の生活をしていました。まさに、胎児を育み産み出すのにちょうどよいからだつきをしていると判断できました。

そこで、T先生にお願いして事情を説明しました。M先生とT先生は、昔、わたしと一緒に勤務したことのある知り合い同士です。ちょっと具合が悪いかなと心配しましたが、「何とかトライしてみましょう」と承知してくださいました。このような医療側のプライベートな人間関係も、けっこう大事な要素ではあるのです。

案の定、四二歳の年齢でも何の不安もなく、帝王切開をすることなく、正常に、らくなお産ができました。その三年後、第二子のときも安産ができました。

安産への転換は、日ごろの動作や食生活と十分な睡眠が大切です。そして、姉妹とか母子とか知人など、しっかりした目標をもっている人がそばにいて、目標への道すじを示しながら励ますことが重要だとわかりました。わたしの周囲のベビーネンネのサークルのお母さんたちは、その点をよく助産師とも話し合って「育児をするためにお産をいかにするか」との視点を確実にもっている人が多いので、妹さんは大いに助かりました。

妊婦の多くは、「お産をするためにどうするか」に夢中になるあまり、育児については「産まれたから育てる」というぐらいにしか子どものことを考えない、あるいは考える心のゆとりがないのが一般的です。

高齢出産は、自然の摂理からすれば、まだ丈夫な子を育てられる育児力と気力と体力が充実しているから授かったものです。自分が産むというよりも、むしろ産ませていただくつもりで心にゆとりをもってチャレンジすればよいのです。

尿もれを防ぐために

お産のあと、尿がもれて困っている人は多くいます。くしゃみをしたり、下腹部に少し重圧がかかるようなごく軽い作業をしているときでさえ、尿もれがあります。尿もれと同時に、ガスももれて出やすくなります。最もつらいのは、セックスのとき思いもかけず尿もれが起こったりガスが排出したりして二人を驚かします。思いがけぬ事態に互いに萎縮して、それっきり調子があがらずじまいだったと嘆いている人もいます。

妊娠初期までは、妊娠中の内分泌の保護のおかげで、子宮や膀胱を支えている筋肉（靭帯《じんたい》）もしっかりと締まっています。

ところが、妊娠六、七カ月をすぎたころからは靭帯が伸びはじめます。内分泌のおかげで子宮口や会陰や肛門周辺の筋肉が柔軟化し、さらに赤ちゃんが固い頭で圧迫して軟産道をひろげてくれます。そのため、妊娠六、七カ月ごろから尿もれがはじまる人もいます。

産院で働いていると、「突然、破水してしまった」とあわてて来院する人がいますが、よく調べると、破水ではなく、単なる尿もれだったということがしばしばあります。世界のいろいろな地域では、女性が頭の上に荷物をのせて歩く習慣があります。頭の上においた荷物を運ぶときはあごをしっかりひいて、やや前かがみに背筋を伸ばします。下腹部にも力を込めて骨盤側へ引き寄せ、腹部を包み込み、その結果、骨盤の傾斜角度が変化します。

ふつうに仕事をしている人は、傾斜角はやや前方へ下降ぎみになります。頭上に荷物をのせる人は、おおむね水平になります。自然なよい姿勢です。

この骨盤の傾斜角度の変化にともない、妊婦のなかには慢性的に腰痛を訴える人がいます。そして、同時に尿もれも起こりやすくなります。「妊婦がトイレそうじをすると安産になる」と、冗談のようにいわれますが、それは笑い話ではなく、骨盤の傾斜角を水平に保つ自然な動作なのです。腹部を包み込む前かがみの姿勢の習慣は、妊娠六、七カ月からの尿もれを防止します。また、トイレそうじは会陰の伸縮性を柔軟にするので、お産のときに会陰裂傷《えいんれつしょう》を防ぎます。

「産後の尿もれやガスもれは、会陰における伸縮性の欠如や伸縮力の減弱性による」といってよいでしょう。出産のときに会陰を見ると、お産が進んで赤ちゃんの頭の一部が出たり入ったりを繰り返すころに、あたかも紙のように薄く伸びきります。会陰が伸びきった状態は、産婦にとって最もつらい時間となります。「早くなんとかしてほしい、つらい！」と叫ぶ人も大勢います。このとき、助産院で出産する人はしばらくのあいだ待たされます。自然出産と呼ぶお産です。

病院の場合、そこに立ち合う医師や助産師の考え方によって出産方法が異なります。助産院のようにじっと待たされるか、あるいはハサミを入れることになります。また、「いきんで」というかけ声とうまく合わなくて、会陰が大きく裂傷を負うこともあります。

産後の尿もれの原因として多いのは会陰裂傷を負ったときです。次に多いのが会陰切開の場合であり、自然な出産で会陰に受傷しなかった場合はほとんど尿もれやガスもれは起こしません。

しかし、なかには「帝王切開だったのに、産後におなか全体の臓器が下がった感じがして尿もれした」と訴える人もいます。子どもが生まれるときはもちろん、性生活においても、出産時の会陰を丈夫に守り、しかも伸展性をよく保つことの大切さについて、日ごろから肛門を締めたり開いたりする体操をおすすめします。

また、バーユのなかでは最も高精度で良品質といわれるナチュラルバーユの使用も効果的です。体温以下で溶解するため、「ナチュラル」という特別の名称を使えるこのバーユは食品でもあります。妊娠八カ月をすぎたら、このナチュラルバーユで会陰部を湿布するか、または会陰部のオイルマッサージをします。妊婦の痔による苦痛の場合にも、湿布やマッサージをします。こうして会陰の筋肉や肛門周囲への手当てをしている人は、お産のときにもらくに待機できます。

ナチュラルバーユにはもうひとつの利点があります。出産の通り道を実際に指を入れて触ってみることができるという点です。

近年しばしば耳にする出産法のひとつとして、「イメジェリー法」というのがあります。妊娠中から、赤ちゃんが産道を通って出てくる出産のようすをイメージ化して実感する方法です。産道を通過する赤ちゃんの頭をリアルにイメージ化するには、産道へのバーユマッサージが効果的であることを知るとよいでしょう。

助産院では、助産師に頼めば産道や会陰のオイルマッサージをしてくれます。家庭では自分自身で実行できます。慣れてきたら、夫の手にも触らせてみてください。夫の手の指にオイルをつけて膣に入れ触らせ、やさしくなでて赤ちゃんにも語りかけます。赤ちゃんの胎動もゆったりとして、お母さんの温かさを感じ取ります。

はじめは「そんなことまでして」ととまどうかもしれませんが、妊娠九カ月ごろからの三カ月間で上手にできるようになります。

その結果、お産のときには産道も会陰もやわらかくよく伸びていいお産ができます。いいお産のあとでは、めったに尿もれやガスもれをしません。

胎脂と胎便

生まれたばかりの赤ちゃんのなかには、全身べっとりと、バターを塗ったように胎脂に包まれた子がいます。胎脂は、乳児の皮膚を保護しています。外界の環境に適応するまでは、拭いて取り除くようなことはやめようと、わたしのまわりの助産師たちはいっています。いわゆる「うぶ湯」をやめようというのです。

「我は海の子白波の〜」のうたにも、「海水で湯あみして」とあります。塩をひとつかみ入れ、湯あみ（うぶ湯）すれば外気温に適応しやすく、大気にさらされて気をたっぷりと吸い込み、元気よく啼《な》きます。そのうぶ湯をやめて、胎脂を拭き取らないままようすをみる、というこだわりをその助産師たちはもっているのです。胎脂はやがて二、三日たつと、乾いたアカのようになって落ちてしまいます。わきの下や首のしわのところに一部残っていますが、それもまもなくなくなります。

胎脂がべったり付着した状態は、予定日より早く産まれた子、または低体重児に顕著にみられます。食事による相違があるかと問えば、どうやら関連性はないようです。妊娠中の脂肪の摂り方によるともいえません。また、やせと肥満との差も認められません。洗い拭き取ることへの疑問があれば、助産師とよく話し合ってみてください。

また、胎児は羊水をなめたり、呑んだりしているため、腸管内には排泄物（胎便）ができています。胎便は、はじめは黒っぽい色をしていて、徐々に緑色がかった便から黄色へと変化します。

胎便を出し切ることが、その後の体質を丈夫にする、という考え方があります。その考えによると、腸管に付着した胎便がそのまま腸管の細かなしわの部分を覆うとしたなら、母乳とりわけ初乳のような免疫効果が高い栄養物が入ってきても、その一部しか取り込むことができないであろう、大人でいうなら、その状態はあたかも宿便の様相を呈している、というのです。したがって、宿便を除去する手だてをするのが新生児擁護のコツだといわれます。

助産師が病院において出産介護をしている場合、宿便となりうる胎便にはまったく無頓着、無関心です。そこではただ単に「本日〇〇回胎便排出」と記入され、出なかったら肛門が開孔しているか否かを調べるだけという看護のありようです。

しかし、開業助産師の多くは「胎便を出し切ることで、アレルギー体質になることがないようにしよう」と考えています。ちなみに、助産師資格が統一される前までの助産技術のひとつとして、「カニババ（胎便）にはマクリを与える」という習俗がありました。それは、いわゆる緩下剤に相当する薬草茶です。薬事法と医療法に助産師の仕事が規定されてからは、くすり、メスなどを用いることが不可能になりました。マクリは、薬草茶といえども日本薬局方でも処方されるきちんとしたくすりで

す。それを勝手に乳児に与えることはできませんが、かつては助産師のなかには「マクリは海草だ」といって使ってきた人もいました。

現在のマクリの処方例は、次に示すとおりです（石野信安氏による）。

甘草　〇・七グラム
黄連　〇・七グラム
大黄　〇・七グラム
紅花　〇・五グラム

六〇〇ミリリットルの沸騰した湯のなかに右記の四味を同時に入れます。そして二分間、煮沸します。ただちにカスを分け、煎じ液を使います。

与え方は、分娩後に吐き気がないのを確かめて、生後八時間たってから少量ずつ、スポイトで時間をかけて与えます。新生児はいやがらずに、短時間のうちに飲み干してしまいます。

また、別の緩下剤として、水酸化マグネシウムを医師の処方により使っている例があります。

わたしは、石野処方例によるマクリを飲んでみましたが、量によってはかなり強い下剤であることがわかりました。今は、漢方の服用に際しては、中西医学にもとづく処方をしている猪越恭《いこしやす》也《なり》先生の指示にしたがっています。

あとざんについて

お母さんのおなかにいる赤ちゃんにとって、お母さんは「環境のすべて」です。それはすべての生命にとって地球が大切であるのと同じです。

胎児の環境を守るために、妊娠中はできるだけくすりを飲まないようにとか、お母さんは冷えないようにとか、お母さんは心を清く正しく明るくほがらかにすると胎教によいなどと言い伝えられてきました。

妊娠中の食べものや空気やくすりの影響を胎児が受けるその度合いによって、その子の体質が決まるためです。なかでも、胎児に対して最も多量に移行するのが食べものであるから、丈夫な体質の子を育てるには、お母さん自身が自分のからだに適した食べものを消化しやすくよくかんで食べるべきである、との考えが基本になっています。

生まれたての赤ちゃんが丈夫な子かどうかは、「胎盤を含む付属物」のようすによってわかります。胎盤は母体面と胎児面があり、母体側は子宮壁に面しています。胎児面には臍帯（へその緒）と羊水と赤ちゃんを保護している羊膜があります。胎盤の大きさは一五～二〇センチ、厚さ二センチ、重さ約五〇〇グラムの円形または楕円形をしていて、母体面はでこぼこがあり、暗赤色で血液をたたえた絨毛《じゅうもう》でできています。

胎児の静脈血（老廃物・炭酸ガスを含む）は臍帯から胎盤へ入り、母体面で母から動脈血（酸素と栄養物）をもらい受けます。しかし、胎児の血液と母親の血液が直接交流するわけではありません。赤ちゃんの成長を助けるために、胎盤はフィルターの役割を果たしていて、通過するものとしないものの区別をします。

胎盤はそれ自体で内分泌器官の役割をしていて、ホルモンのはたらきを円滑にします。たとえば、妊娠後半期の母体には、母乳分泌をよくするホルモンが多量に用意されているにもかかわらず、胎盤から分泌するホルモンが作用している間は母乳は分泌しません。胎盤が母体から離れて娩出《べんしゅつ》してしまうと、まもなく母乳が円滑に出てくるのです。

お産が異常のときには、胎盤と羊膜は黄色く汚れた色になることがあります。妊娠中毒症の例では、胎盤の母体面に石炭化した硬いかたまりができて、児の静脈血のガス交換を妨げることがあります。胎盤が大きく、臍帯が太く充実しているときには、新生児のおへそも大きく、丈夫な体質を受け継ぎます。

胎盤は、科学的物質に対しての防御力には限界があります。たとえば、水銀を通過させ胎児に危害を及ぼした事件に水俣病があります。ダイオキシンに似た物質を通過させた例としてはカネミ油症事件があり、ヒ素中毒事件として森永乳業の粉ミルク事件などがあります。医学的な事故には、つわりのくすりとして飲んだサリドマイド事件があります。いずれも妊婦が体内に取り込み、胎児に影響した事件です。

食べものとしては、いわゆる三大アレルゲンがあります。大量摂取を控え、適量をよくかんで摂るようにといわれているものには、ウシのからだから出たもの、トリのからだから出たもの、豆のもの、などがあります。

現代におけるカニバリズム？

ある患者さんが胃の進行がんにかかり、すでに肝臓にも転移して重症であるとわかったとき、名古屋地区のA助産師が、胎盤と臍帯の乾燥粉末を食べるようにすすめました。

胎盤には免疫力を高めるホルモンがあるため、自己免疫力を高めるには効果的であるという考えにもとづくものと思われます。かつては、製薬会社の人が産院にやってきて、胎盤を集荷していったものです。胎盤からホルモン剤を抽出していたのですが、乾燥粉末をじかに食べたりあるいは煎じてその汁を飲むと有効だという考えに関しては、わたしはまったく知りませんでした。

神奈川県のK助産師や元日赤医療センターの看護師M氏にお話を聞くと、二人とも「お産後に生《なま》のまま胎盤を食べる」といった人を知っていました。K氏もM氏も自分自身で食味したそうです。わたしは、現代におけるカニバリズムかと驚いた次第です。別のある医師は、少量を取り出し、別の筋肉部分に移植して免疫を高める医術があると話していました。最近では、骨髄性白血病の治療のために臍帯血を使う医療技術が行なわれるようになってきました。胎盤と付属物には、まだはかり知れない免疫物質が含まれているのだと思われます。

さかご出産で思う妊婦の生活の大切さ

Nちゃんは、さかごのまま、帝王切開をせずに経膣分娩《けいちつぶんべん》で生まれました。二三九〇グラムの女児でした。予定日より九日早いだけなのに体重はやや小さめのSFD児（低出生体重児）です。SFDの場合は、妊婦への特別の心配りがなされねばならないとされています。

だが、Nちゃんのお母さんは、妊娠中もキリッと引き締まったからだで、妊娠中毒症の徴候もまったく出ませんでした。食事は油脂と砂糖やくだものを控えて、ごはん中心のつつましい内容だったといいます。妊娠期間中、Nちゃんのお母さんとわたしたちは、小さく産んで大きく育てるのがよいと語り合いながら過ごしました。

さかご治しのため相談所を定期的に訪れて、足から腹部へ、背面から仙骨へと、いつもどおりの看護法を施しましたが、いっこうに頭位《とうい》にならず、そのまま産まれました。

さかごの場合には、臍帯が児頭《じとう》と骨盤のあいだに挟まれて、産道での圧迫を長時間受けやすく、頭位のお産にくらべて仮死分娩になりやすいといえます。

仮死分娩の後遺症としては、心理的な外傷《トラウマ》を受けることや脳への酸素不足から心身障害の要因になることがあります。したがって、現代のように医療事故として訴訟問題が問われるようになってからというもの、医師は帝王切開をすすめるようになってきています。

Nちゃんの父母は、「どうしても帝王切開はしたくない」「児頭と骨盤の不均衡を調べるレントゲン検査はしてほしくない」と強く望んでいました。望みをかなえられるようにしてあげたいと思いながらも、危険があるのも事実です。

このように、周産期の特別な配慮を要するお産をハイリスクといいますが、このたびNちゃんの誕生に立ち合ってみて、ハイリスクを克服するのに最良の方法は、低体重で産まれること、そして母体が温かく、目方も五～七キログラムくらいの増加にとどめておけるような暮らしをすることだと改めて思い知らされました。

また、Nちゃんの母親は学生時代にはスキーの選手でメダリストだったと聞き、丈夫な母体の保持がいかに重要なのかがよくわかりました。

さかご治しに来所されてからは、三陰交《さんいんこう》のツボへのイトオテルミーによる刺激や腹部への手当て、そして胎児への語りかけ、背面から仙骨へのポラリティなどをまじめに実行されたことも有効だったと思います。

驚いたことに、Nちゃんは沐浴のとき、語りかけに反応してニッコリと笑いました。また「お母さんよ」というと、ちゃんと見つめてほほ笑み、すぐ乳頭をしゃぶりました。父親が来たとき、「お父さんよ」というと、きちんと父の顔を見つめてほほ笑みかけ、父親を感動させました。

父親は、妊娠中に腹部に手をあてて、胎児に毎日語りかけたそうです。「行ってくるよ」「ただいま、帰ったよ」「おじいちゃんの手だよ」「おばあちゃんの手よ」と、祖父母の手も借りて触れさせ語りかけた結果、「こんなにほほ笑むとは驚いた」と感謝感激していました。

わたしたちは、質素な食生活とまじめな手当てを続けたNちゃんのお母さんに敬意を表しました。

お産でできたコブの手当て法

子宮という狭い場所で、赤ちゃんはからだを小さくちぢめてお産のときを待っています。子宮が全開すると、産道は骨産道といって入口から出口まではあたかも筒のようになり、途中で屈曲しています。赤ちゃんは、通常はたいてい頭を下にして、入口では顔は横向きになっています。屈曲したところにくると、ぐるりと九〇度方向転換して、今度はお母さんの背中側に顔を向け、あごを胸にぴったりくっつけて、後頭部から外へゆっくりと娩出《べんしゅつ》してきます。骨産道と児頭は互いに固い部分ですから、らくに通り抜けることは困難です。そのため、赤ちゃんの頭骨は折り重なりたたまれてちぢこまり、適応して娩出を助けます。生まれたばかりのときに顔が長く見えるのは、この骨重積《こつじゅうせき》の結果、あごから後頭部まで長く伸びているせいです。後頭部とは別のところが長く伸びていたならば、赤ちゃんの頭には産瘤《さんりゅう》や頭血腫《ずけっしゅ》というコブができます。

産瘤は皮下に、頭血腫は骨の下にコブをつくります。医学的には経過観察といい、しばらくようすをみるのが一般的ですが、できることなら、このコブを「ようすをみている」だけにしては

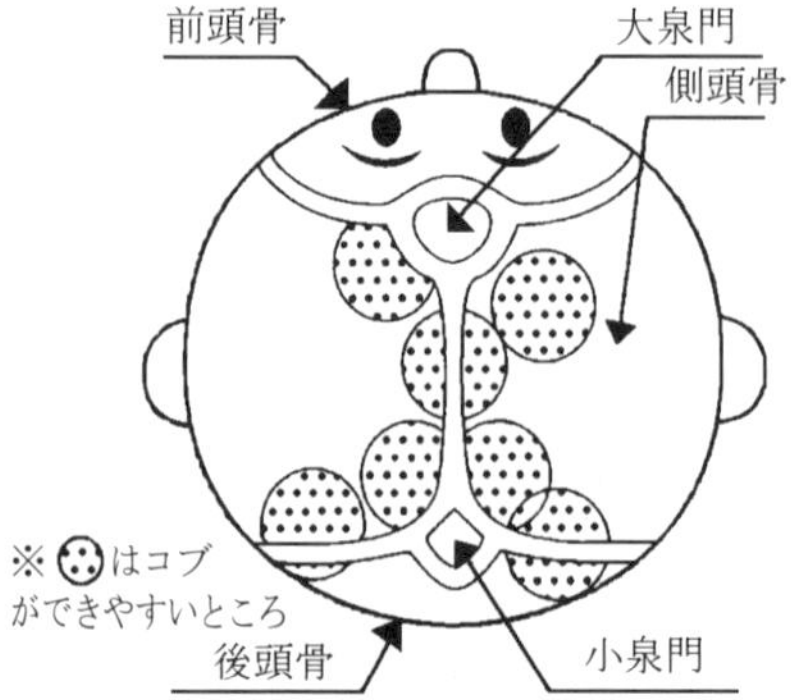

ならないと思います。

児頭の骨は大きく四つに分けられます。互いに接触する部分は大人と違って重なり、目を触れるものです。どのあたりにできているか確認して、あらかじめノートに図示してみましょう。そして、手当てをしておよそ何日目から小さくなってきたかを記録してください。

手当て法としては、イトオテルミーやフレッシャーを使ったあと、芋パスタ、とうふパスタ、クチナシの粉末を使ったパスタ（クチナシ一対小麦粉五〜六。卵白で練ったもの）や生薬貼りぐすりの糾励根《きゅうれいこん》を混ぜたパスタ（糾励根一対小麦粉六。糾励根はヒリヒリ感がしますので、かならず白いネルの布地にうすく塗ってください）による湿布をします。いずれも水っぽくしないように注意します。とうふは角からおよそ一センチほどの厚さに切り落としたものを、ネル地に包みこみます。

きめこまかく観察し、赤ちゃんにとって快適であるかどうか十分に気をつけながら手当てをしてください。せっかくのよい方法なのに、乱暴で雑な扱い方をすると有害になるおそれがあります。気をつけながら行なうことが大切です。コブの大きさによって、新生児黄疸《おうだん》の強さも変わります。

コブや新生児黄疸の子には、躊躇《ちゅうちょ》せずにはじめから、しっかり母乳を与えてください。母乳がまだ出ないときでも、砂糖水や粉乳は三、四日与えずに飢餓状態のまま待つことができる例もあります。わたしたちの経験では、飢餓状態にしておくことの長所は、胎便をうながし、新生児黄疸を軽減し、コブを縮小していくことです。その効果として、アトピーっ子の予防へとつなげられます。

自然育児相談室①　妊娠と出産

Q 現在、第二子の妊娠四カ月です。今回は体重増加も多く、塩分を控えなければと思いつつも、妊娠前よりも辛めの味が好みになりました。好ましくない状況だと思っているのですが、どうしたらよいものでしょうか。

A 妊娠四カ月は、つわりなどで食べものの好みがそれまでとは変わります。水分がやや多く、なまものも増します。したがってからだは自己調整をします。そのため、塩気の濃いものや辛いものを欲します。朝は梅醤番茶を飲むとかなり調整されて、食事中の塩分を減らすことができます。

妊娠中の体重はおよそ七キログラムほどの増加に抑えたいです。でも、普段からやせている人は一〇キロ増まで、肥満の人は四キロ増ぐらいにとどめます。自分のからだをよく知り、調整しましょう。

体重が四キロから七キロ増加の人は、赤ん坊の目方が二八〇〇グラムプラスマイナス二〇〇グラムほどに成長して小さめなのでお産がらくです。また生まれた赤ん坊は生後の呼吸やまなざし、体温、心拍数などに異常がなく、はじめからこちらを見つめてほほえみます。

体重が良好に保てるような暮らしをするには、おかずを控えめにします。主食をよくかんで食べます。普段から調味料に砂糖を入れている人は徐々に減らし、甘味料を控えます。くだものが多い人も減らしましょう。乳製品が好きな人では、利尿が悪く押してもへこまないのに、固くなるむくみをもつ人もいます。とくに牛乳のガブ飲みをやめると急に体重が減ります。このように利尿が悪い状態を、漢方では「水毒」と呼んでいます。

Q 一人目を切迫早産で産みました。二人目は半年ほど前に流産しました。一人目のときも妊娠初期からおなかが張りやすく、痛みがありました。

A 自分が寝たときに、どんな姿勢かわかりますか。寝たときにどんな姿勢なのかを、お連れ合いによく見てもらっておいてください。意識して寝るとよくわからないのですが、何もいわないで寝てもらうと足の位置で腰の歪みがよくわかるのです。すると、朝どんなものを食べているか、おかずはごはんより少なくしているか、水はあまり飲まないようにしているかということがわかれば、あなたが切迫流産になりそうか、ならないかわかるのです。美しい寝姿をあれこれと教えると、変に努力して逆効果になるかもしれませんが……。お連れ合いが寝たら、その寝姿を見てください。あなたから見て足の裏が四五度くらいの角度で開いて見えていればよいのです。でも、切迫流産になりやすい人だと左右に倒れていたりします。足先が交差しているかもしれません。微弱陣痛になってしまうような人は、足の親指と親指がくっついているかもしれません。それで腰の歪みがわかるのです。

ひざ小僧のところをちょっと押さえるとグチュグチュ音がしたり、くるぶしのところがむくんでしまっているかもしれません。そして足をぶらぶらさせると、クリック音といってピッコピコピコ音がしているかもしれません。そういう音がしているのを治さなくてはいけないのです。からだが送ってくれているサインを見落としてしまっていると、流産する電車に乗っていることになります。それは助産師に聞けばわかる場合もあります。妊娠したら、早めに助産師さんと不安に思うことを何でも話し合うように心がけてください。

お医者さんはお産の「病気」を診る方です。お産のプロは助産師です。それは法律でしっかり分かれています。もし、切迫になってしまったらお医者さんに行きます。そうなる前は、助産師のところへ行ってください。助産師は寝たときの足を見て、「あなたの胎盤はこんなになっているよ。昨日は冷えたの?」という話や、「こういうふうにした方が、切迫にならなくてすむわよ」ということを教えてくれると思います。でも、お医者さんは病気になったときに診るので、「こうすると切迫になるよ」とはいいません。かかった病気を治すのが医師です。

切迫流産には病的なものもありますが、単にからだが冷えていることが多いです。体温を測ると三六・五度以下になっているのかもしれません。手足が冷えているかもしれない、あるいはおかずが多いかもしれない。精神衛生が悪かったのかもしれません。あるいは胎児と胎盤の関係では、胎盤が非常に小さかったのかもしれない。いろんな要素があります。

二回早いということは、習慣になっているので免疫の問題もありますが、おかずが多いときに消化の悪いものだったりするのかもしれません。下半身が冷えやすい状態になると、子どもは出ていこう、出ていこうとするのです。下半身を温めてやると出ていこうとしなくなります。

切迫してきた場合には、おしりから前の方に向かって股のところを温めるのです。その温める方法はイトオテルミーといいます。それはある医療器具のなかに薬草のもぐさを燃やしたものを入れて、熱と煙と薬草の効果で全身から下半身の血液の循環をよくするのです。かなりおなかの張っているときでも、この方法でやると張らなくなります。

洗面器のちょっと大きいもの、タライやバケツのなかに沸かしたお湯を入れ、大根の干葉を煎じて入れてお尻をつけて座浴します。あなたのひざから足先までが冷たいと切迫になりますから、足をお湯に入れて温める足浴もします。足浴の道具も売っています。足浴も面倒くさい人は、こんにゃくをゆでてタオルに巻いて、股の間にはさんで安静にしていてもいいです。上半身はしなくても下半身だけ温めて、骨盤のなかの状態をよくしてみましょう。

また、ときには動物性のものも食べてください。合鴨肉は温まります。それでも流れてしまうことがありますが、そのときは今回は残念とあきらめるしかないのです。でも、以上述べたような方法で、ほとんどを防ぐことができるでしょう。

近代科学の進歩発展が医学の特徴といわれて医学は日進月歩するといわれていますが、こういう手当て法は日進月歩することではありません。大昔から「妊娠中に冷えないように」するためのノウハウは進歩していないのです。お産のプロである助産師――昔は取り上げバアさん、産婆――は、日進月歩する医学にはついていけませんが、昔からの知恵を活かして伝達するのです。

Q いま妊娠中です。わたしにアレルギー（花粉、ダスト、金属、食べもの）が軽くあるので、生まれてくる子にも影響するか不安です。防ぐ方法はありますか。

A

自分に軽いアレルギー体質があるから、と自覚されているので、食べものとの関係を探ってみてください。たとえば、甘くて冷たいお菓子を食べたあとは決まってくしゃみと鼻水と鼻づまりになるとか、いちごやオレンジを食べた翌朝は洗顔のときの水が目にしみ、かゆみがあって痛くて涙と鼻水が止まらなくなるとか、牛乳やジュース、みりん、砂糖やはちみつ、ジャムやチョコレートなどほんのわずかでも体質に合うとか合わないとか感じ取れるでしょうか。また、どの程度なら反応はゼロでも、多めのときは確実に反応するといったことがわかっているでしょうか。

しかも、妊娠中には胎児の胎動の変化によって気づくことも多いのです。のんびりした胎動と、激しい胎動（元気がよいと思い込んでいる）のどちらでしたか。ささいなことに、ちょっと気をつけて感じ合うために、自分のアレルギー体質をうまく使って暮らしてみてはどうでしょう。

妊娠後半期の三カ月間は少食でよくかんで食べることと、栄養があるものでもそれを毎日多量に摂り続けないようにします。少しずつ、三〜五日に一回食べるくらいなら身も心もらくになり、次の子も丈夫になります。これを五日回転法といいます。

Q

妊娠中、足に軽いむくみがありました。体重は四、五キロ増加で、出産後は乳頭陥没のため傷ができたり、産後三日目ぐらいにほとんど眠れないほどの痛み（ガチガチのお乳）がありました。三カ月ほどたった現在では、授乳のたびに右側のお乳から脇にかけて数分間痛みがあります。食事はうす味の手作りを心がけています。手当ての方法を教えてください。

A

妊娠中のむくみを、血圧や尿変化のようすとまとめて「妊娠中毒症」といっています。軽いときは保温や減塩、ウコンの内服（少量を短期間ようすを見ながら飲む）などが有効です。遠赤外線温熱器で全身を温めることは、あらゆる変調を改善するのに役立ちます。

乳頭陥没については、乳頭がへこんでいても、やわらかいときは傷ができません。固い人は妊娠中にオイルマッサージや乳房治療手技（上手な人の手技）を受け、食べものに気をつけます。食べすぎず、よくかんでください。オイルマッサージのあとはユキノシタの葉を貼ると早く回復します。からだはよく保温して下半身を温めるように努力します。

乳頭が柔らかいときはかみ傷ができません。もし赤ん坊がかみつくときは、油っこいもの・牛乳・肉を控えてください。母乳の臭気を嗅ぎ分けることができる赤ん坊は、においが気にいらないときにかみつきます。

そんなときはナチュラルバーユを塗り、ユキノシタを貼って手技治療で回復します。舌が癒着《ゆちゃく》している子どもには治療が必要です。また食事はうす味が気にいるとはかぎりません。

第二段階

母乳育児成功のコツ

はじめての母乳育児

はじめてお母さんになる方へ

赤ちゃんが生まれてこの世で最初に口に触れるもの、それはお母さんのおっぱいです。生まれた直後は感受性がとても強い時期です。はじめに口に入れたものは、鋭敏な脳にあたかも刻印されたかのように、その後のほ乳時の口や舌の使い方に影響します。赤ちゃんは人工的な乳嘴《にゅうし》を最初に口に入れられると、あとで母乳を与えられたときの感触や、唇、舌の使い方とは異なるために混乱をきたしてしまいます。このような混乱は絶対になくしていきたいものです。人工の乳嘴をくわえさせられる前に、強い意志で生後三〇分以内には直接母乳を授乳するぞと、出産前から心に決めておいてください。

さて、はじめてわが子を胸に抱きかかえたとき、肌と肌を触れ合う母親のまなざしや、手のやさしさと温かさが赤ちゃんを安心させ、外界への適応の第一歩を確かなものにします。赤ちゃんは心地よく、いい気持ちなのです。

いい顔をしているときのわが子のつぶらな瞳を見つめていると、子どもぎらいだった人も、それは虚像だったと気づき、むしろ、かなり感情的で衝動的な母性愛がうねりを立ててせまってきて、とても驚かれることでしょう。子どもへの愛着と愛情のきずなを実感します。子どもの表情が、夫の家族や遠い親戚の人にそっくりの顔をしている不思議さに感心したり、この子まで届いた血縁を思うと、ご先祖への感謝の念や、さらには、自分を取り巻く自然の環境からひいては地球の存在など、すべてへの愛情へとひろがる思いに感涙のとどまることがありません。

また、胎内にいたときの赤ちゃんは、へその緒からのつながりで育てられていたけれど、生まれたときから乳頭をくわえ、自分の口で一生懸命吸引しなければ育つことができないことがわかっています。この一大転換を、順調にやりとげることができなければなりません。

海や山のほ乳動物も、野生のまま繁殖して同じことをしています。なかには上手にほ乳できない仔や授乳下手の親もいるかもしれません。でも、野生動物はほかの動物の母乳をあてにすることはありません。

人もまた同様に、それぞれの親子によって上手下手があります。しかし、人は知恵があり、まわりが助け合い、支え合いながら生命の安全を守り切ります。

生まれたらまず母乳を飲ませるよう努力する、このことだけは実行してください。

「母乳で育てること」は、おそらくあなたの人生観を変えるきっかけになることでしょう。心地よく、おもしろく、たのしく、おおらかで何事にもくよくよしない心持ちになります。にっこりとしたお母さんへと変貌するのが、このはじめての授乳への入門です。小さい門から導かれ、思いもよらぬ世界が展開していくのです。

どんなことでも、はじめての経験にはとまどいやむずかしさがあります。自分の勘違いや思い込みを修正せざるを得ないこともたくさんあります。

授乳やほ乳をらくに成しとげようと思えば、お産が自然であった方がよいのです。そして、よいお産をしようと思えば、自然で質素な暮らしと、からだをよく動かすことが必要です。

さいわいに、日本に住むわたしたちの場合、日常の食生活を米飯主体の伝統的なものへと帰すことがそれへの近道です。正月のおせちをいただきながら、おなかの子にスタンバイＯＫ！　母乳ＯＫのサインをしてください。母乳育児のサポートは専門家のわたしたちがいたします（全国ネットワークがあります）。

はじめての母乳へのとまどい

母乳で育てようとすると、はじめての子どもでは意外に大変です。母乳が出てあたりまえ、飲んでくれてあたりまえと思っているからです。多くの人たちは、出産のための努力を一生懸命にしても、母乳育児のための準備はほとんどしないものです。どうやって赤ちゃんに母乳を飲ませたらよいのかわからず、とまどっている人が大勢います。助産師や医師でさえそうです。

なぜ、母乳を飲ませることにそれほどとまどってしまう人が多いのでしょうか。それは、赤ちゃんが母乳を飲む前にお母さんが抱き寄せたそのときから、まさに飲みつこうとしている母の乳房の温かさや、においに反応してしまうことにあります。

あるお母さんのお乳には、赤ん坊の方から口を開けて確実に乳頭をくわえます。別のお母さんのお乳には口をつけようとはしますが、激しく顔を横に振り振りして、乳頭をパクリとくわえません。そのあげく、無理にでも含ませようとすると、そり返って手足をバタバタさせて拒否します。このとき、「この母乳はとても飲めるようなものではない」というサインをわたしたちに示してくれているのだということがわかります。

病院に勤務していたときに経験したことがあります。ちょうどお産がたてこんでいた時期でした。八人部屋が二室あり、一六人が入院していました。給食に牛乳がつきます。牛乳がきらいな人は四人、大好きな人は六人、どちらでもない人は六人いました。ためしに牛乳を飲まないでいられるかどうか、たずねてみました。すると、一〇人は飲まないでいられました。あと六人はどうしても飲みたいという人たちでした。そして、その人たちが新生児に授乳をしたところ、赤ちゃんを抱いて含ませようとしても、眠ったふりをしたり口を横に振ったりしてパクンとらくに飲みつかないのです。ところが、牛乳を飲まなかったお母さんはらくに含ませているのです。

そこで、お母さん方にお願いして赤ちゃんをためしに取り替えてみました。すると、牛乳を飲んでいない方のお母さんが抱いて含ませようとすると、さっきはあんなにいやがっていた子がパクンとくわえるのに、さっきは上手にくわえていた方の子が今度はいやがりました。このように赤ちゃんはお母さんのお乳の品質の違いがわかり、飲める母乳といやな母乳があると教えているのです。

お母さんが、もちや牛乳を摂って母乳の出をよくしようと努力するのは現代の食生活にはそぐいません。食べものは、それぞれの地域ごとに伝わる伝統的なものが望まれますが、現代ではすでに伝統がぐらつき、多くの人の朝食は洋風の食事です。こんな状態では母乳育児の継続はむずかしいのです。

赤ちゃんがよろこんで飲んでくれる母乳を出し続けるために、腹八分目によくかんで食べることが大切です。そのとき、穀物を主食として、主たるおかずは副食として主食より控えめに食べるのです。また、油脂類、砂糖、くだものを控えることで、いい母乳が出ます。

はじめはいろいろ悩みます　その1

だれでも、はじめてのことはむずかしく感じます。母乳育児は、まさかどこかで練習しておいて、さて、というわけにはいかないのです。

授乳は社交ダンスをはじめて踊ったときと似ています。足を気にしすぎると相手にしがみついたり、離れすぎたりしてしまい、ふわっといい感じのコンビを組めません。

赤ちゃんの口に無理矢理突っ込みさえしたら、うまくいくと思うでしょう。赤ちゃんには口蓋《こうがい》(口中上側の部分)の反射作用があるので、すぐ飲みついていいはずです。ところが授乳とほ乳は、母子の相互作用だから互いのスイッチが同時に入る必要があり、片方が遅れると作業手順が狂って難儀をします。

しかし、あせる必要はありません。お母さん本人はもちろんのこと、その取り巻きのおばあちゃんや家族の人たちも、「おっぱいが出ない」と叫ばないで、あたたかく見守ってやってください。

三～一〇日間ぐらいは母乳が出なくてもあたりまえだと思って、気楽にかまえてください。フニャフニャした乳首をしゃぶらせていると、赤ちゃんが「アムアムアム」と素早く口蓋を動かし、乳頸部を締めつけています。この締めつけが母親の脳下垂体に響き、乳汁を作るホルモンが出てきます。

それはあたかも、性生活における夫（オス）と妻（メス）の相互作用と共通する営みです。母と子の役割分担があり、乳頸部をしっかり締めつけないと「射乳反射」が起きにくいのです。大人の男性の「射精反射」と現象的には共通なのです。ともに、引き金となるのは茎部の締めつけと、脳下垂体の内分泌作用です。

「産んだメス親は、みんな母乳が出る」と信じ切りましょう。信じれば、まわりの人びとの「出ない、足らない」というおどし文句に振りまわされずにすみます。それどころか、「射精」の

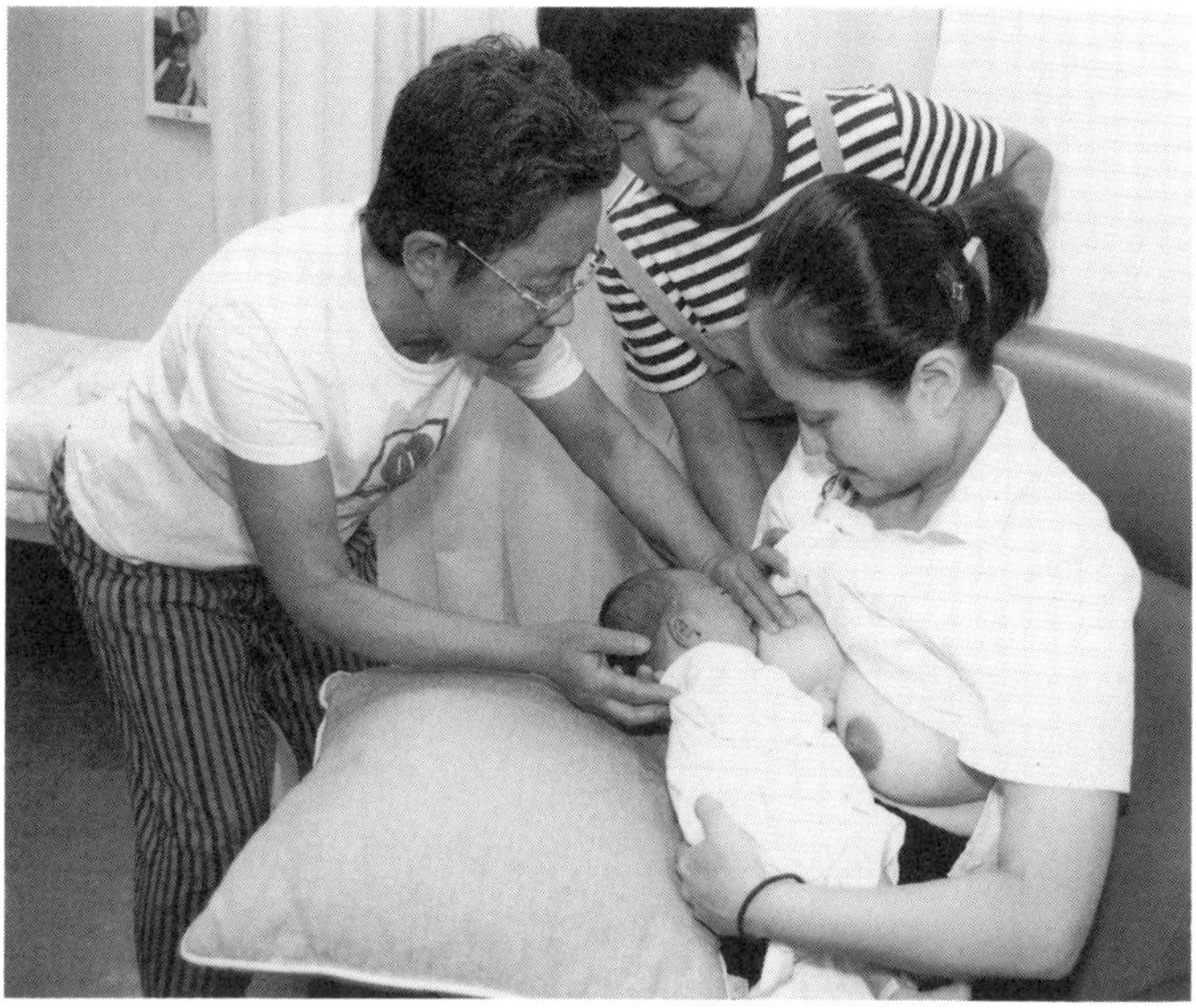

しくみを思い出して、「男の人にはそんなことロはばったくていえないのに、よくもいえるものだ」とクスクス笑い出してしまうことでしょう。

難産の場合はお乳の出が悪くなり、フニャフニャの状態になります。深田久弥という小説家は「母は便をひるように僕を産んだ」と書きましたが、かくもつるんと軽いお産の人たちは、母乳育児がうまくいかずにとまどう人の気が知れないといいます。安産ばかり取りあげている助産師界の先輩の皆さんは、わたしが母乳育児で困っているお母さんの相談をしていることを不思議がり、彼女らは母乳育児がうまくいかない人を見かけることなど無いといいます。お産の八割以上は安産なのだから、理屈の上ではみんならくなはずの母乳育児です。母乳育児を妨げるのは難産です。母体の疲労です。難産の要因は現代の便利な暮らしや食生活によることも多いのです。米飯中心の伝統的な食事を手作りですることが、難産予防と母乳育児確立のもとにもなります。

はじめはいろいろ悩みます　その2

カチンカチンで石のように張り、熱をもってジンジンと痛み、乳首は平らになるほど四方八方へ引っ張られて、吸いつくところがなくなってしまった、ということがあります。こんなときは、乳房の安静が大事です。五〜一〇分間ほどショウガ湿布をしたあと、さといもの芋パスタを二時間ほど貼ります。

水分を控えて、お粥《かゆ》と野菜の炊いたもの、昆布煮などの食事（一〇〇〇〜一二〇〇キロカロリー）にします。手足は毛管運動と金魚運動をします。下半身は湯たんぽかショウガ湿布で温め、汗を出すようにするとらくになります。背中へのショウガ湿布も効果的です。下手で痛い乳房マッサージはタブーです。乳房を痛くしてはいけません。

芋パスタをしたあとも、ジンジンしてヒリヒリ感があるときは、キャベツ葉やビワ葉を切って貼ります。

乳輪部にゆるみが出てきたら授乳できますが、はじめは乳頭の皮がむけて出血することもあります。ユキノシタという葉をよく洗い湯せんして、うらの薄皮をむき捨てて、葉を乳頭に貼りつけるとらくになります。ナチュラルバーユにプロポリスを混ぜて塗り、その上から葉などを貼ると効果があります。イトオテルミーもらくになります。乳房治療手技を受け、乳腺炎を予防しておきましょう。

母乳育児がスタートして、最初によくとまどうのが「フニャ《ソフト》」と「カチン《ハード》」の悩みです。「フニャ」でも「カチン」でもらくになる手当て法をして、赤ちゃんに「アムアムしてね」と頼みます。受験勉強をくぐり抜けた人は、問題点の傾向と対策シリーズで苦労した経験があるでしょう。母乳育児の確率と継続と終了も同じようなものです。それをはばむ要因とトラブルの傾向、そしてその由来と対策がわかると、おもしろいほどらくに、しかも論理的で知恵の深さがわかります。それがわたしたちのサポートです。うまくいくと、人智学から神智の恩恵と感謝の気持ちを醸し出される不思議さに酔うことができます。はじめに悩みのない人は、そのことがわからないまま、単に「母」としての母乳育児で終わるのです。悩みがたのしみに変わるまで、少しの努力と耐える我慢が必要です。

サポートの方法はいろいろあります。すでに述べたように、まず心身のストレスをとるためのリラクゼーションをします。ポラリティ、ホメオパシー、イトオテルミー、遠赤外線の温熱浴、足浴、オイルマッサージ（母子ともに）、そして、食べもののこと、赤ちゃん体操、赤ちゃんの扱い方、つき合い方、家族みんなの健康についてなど、さまざまな悩みをともに考え、解決の糸口をさぐります。子を産み育て、乳を与える最中の母子を守るには、古い知恵の方がからだになじむのです。昔から伝えられてきている手当て法は実にさまざまです。手当てで気分よく過ごしてください。

はじめはいろいろ悩みます　その3

産院から自宅に戻るころ（産後一〇日以内）は、母乳の出がいい人も悪い人もいます。ミルクを足すように助言されることもあります。

退院後は母乳だけで育てたいと願いながらも、たっぷり出ないからといって自信をなくさないでください。ほんの少しにじむぐらいでも、飲ませているうちにだんだん回復していきます。まず、自分の体重や皮下脂肪、筋肉が普通にあれば、それで母乳も出るようになっています。飢餓に瀕して食料が不足しているような不幸な状態であれば、母親たちは空腹でやせてしまい皮下脂肪がありません。だからたっぷり出ないのは当然です。だがわたしたちは、さいわいにも毎日きちんとした食事を摂ることができます。あなたの皮下脂肪はすべて母乳に転換できるのです。四〇キログラム以上の体重があれば、出るとか出ないとかこだわらず、ひたすらくわえさせて吸引させましょう。短時間ずつの授乳がコツ、そして頻繁に授乳してください。

射乳反射はありますか？　吸引の刺激でピューと出るとか、反対側がジワーッと温かくなるとか、ポタポタ落ちるとか、反射の強さは人によってさまざまです。赤ちゃんが吸うことに反応しさえすれば、それでまずははじめの一歩です。うまく反応しないときは、お母さんのおなかをあたためると有効です。

起床する朝六時ごろから夕食の六、七時まで、日中は頻繁

に抱き寄せては授乳します。これをくり返していると、かならず出るようになります。

赤ちゃんが吸引すると、お母さんの胸全体が温かくなります。赤ちゃんは瞳を丸く開いて「いい顔」をします。人工の粉ミルクのときとはうって変わり、その子の生きる意志がいきいきと感じられるいい顔で、目に力がみなぎります。この「いい顔」を見るためには頻繁に授乳するようにと、わたしはアドバイスしています。

反射に合わせて授乳しているときのほ乳量は、三カ月以内の子ならおよそ二〇～三〇グラムです。しぼっても出ないとか、少ないなどといって悩むことはありません。子どもによってそれぞれ異なります。頻繁に授乳することによって、一回あたりのほ乳量が少なくても、日中のあいだに一日の必要量を飲むことができます。夜は九時と、あとはお母さんが就寝する一一時ごろに授乳しましょう。夜はほ乳量が日中の約二倍になります。

そのあとは、お母さんがふと目覚める時間、つまり午前三時ごろに授乳してください。赤ちゃんのあごを押さえて乳頭を口のなかへそっと押し込むと、反射で突然飲んでくれます。夜の授乳は必要量プラスアルファーの分量だと思えばよいでしょう。夜の授乳は赤ちゃんを順調に太らせます。

たとえば、生後一〇日～一カ月ごろの目方はおよそ三～四キログラムです。目方一キログラムごとに一二〇～一五〇ccの母乳が飲めるように工夫します。つまり、三六〇～六〇〇ccを確保しなければなりません。夜中のプラスアルファー分が一五〇～二〇〇グラム飲めると仮定すれば、五一〇～八〇〇ccの母乳を飲んだことになりますが、三カ月以降でなければ八〇〇ccは飲めません。

一～三カ月の子が飲む母乳は四五〇～五〇〇ccあまりです。目方は、一日あたり二五～三〇グラム増すことでしょう。一カ月検診時には六〇〇～八〇〇グラムほど生まれた日より増す勘定です。

ところが、病院では一キログラム増すのが普通といいます。それは、生後の生理的体重減少を計算していないこともあるでしょう。母乳育児のスタートでは、はじめの五日間は体重が減り、一〇日目に元に戻ります。健診が生後から三〇日目にあたると五〇〇～六〇〇グラム増しとなり、一キログラムに満たないため、思いもよらぬ「母乳不足」といわれて驚いてしまうのです。

でも、そこで混合栄養に戻すことをせず、頻繁に短時間授乳をくり返してみましょう。母乳育ちの子は、やや小柄で小さめに見える子が多いのです。でも全身の緊張はとれ、おなかもやわらかく、丈夫に育つのが特徴です。目方だけで一喜一憂せず、少ないといわれたらわたしたちにも一度相談してください。

母乳育児、五つのポイント

日本全国でみますと、四〇パーセントていどの人たちしか母乳育児をやっていません。どうして六〇パーセントの人たちが母乳でできないかというと、それは母乳で育てるコツをご存じないからです。

ポイント1　わたしたちもほ乳動物

母乳で育てるコツの一番重要なことは、わたしたちはほ乳動物の一員だということを知ることです。それがわかれば、誰もが母乳育児をできるようになります。

お母さん方のなかには、栄養のある食べものをたくさん食べなければ母乳が出ないと思い込んでいる人が大勢います。その理由のひとつに、病院の話の仕方ということがあります。

病院では、看護師、助産師、医師が母乳で育てるための栄養学を話す時間がありません。粉ミルクの溶き方を、粉ミルク会社の栄養士さんから聞いて帰ってくることが多いのです。

ガブリエル・パーマー著『母乳の政治経済学』(技術と人間) という本は、現代社会において母乳育児がなぜ難しくなったのかを、政治的、経済的観点から説き明かしています。アフリカの子どもたちが飢えているとき、本書の冒頭 (一八頁) でも触れたように、子どもにミルクを売らないという援助が大切な場合もあります。しかし、日本はミルクを売る側、ネッスルという会社も売る側です。〝皆さんどうかミルクを売らないで。日本の皆さん、アフリカの子どもたちの健康をどうぞ守ってください〟とシスターたちが呼びかけました。

しかし、日本ではミルク会社がサンプルを配り、調乳の仕方の話をします。粉ミルクの普及による栄養失調が問題となったアフリカとは異なり、日本では子どもたちがすぐに生命の危険にさらされることはありませんが、実はそこに問題があります。調乳指導のときには、サンプルももらえるので、帰宅して赤ちゃんが泣くとすぐそのミルクを与えたくなり、母乳育児を妨害してしまうのです。

WHOとユニセフは、「母乳代替品のマーケティングに関する国際基準」を一九八一年に定めました。粉ミルクの無料サンプル配布の禁止、人工栄養を理想化するような絵や写真をラベルに使用しないこと、母乳栄養の利点と人工栄養の危険性について説明することなどが盛り込まれたもので、この勧告を各国に守るようにと取り決められました。その結果、今日では国内の、ことに国公立病院ではサンプルの配布を中止するようになりました。しかし、徹底していないのが現状で、日本の粉ミルクメーカーは違反企業として名前があがっています。皆さんも、サンプルを受け取らないようにしてください。

病院での調乳指導で乳児に与えるように教えられるミルクの一回量は、一回に飲む母乳とくらべて量が多すぎます。乳児が飲める母乳の量は、一回にせいぜい一〇〜三〇グラムぐらいです。母乳は出るから飲むのではなくて、乳頭をくわえて、射乳反射を起こして飲むという仕事を子どもたちはしているのです。その反射の量がちょうど三〇グラムぐらいです。一年経っても射乳反射に合わせて飲んでいる子どもたちでは五〇グラムぐらい飲みますが、三〇グラムでも決して少なくない量です。

ところが調乳指導では、「缶の表示どおりの量のミルクを赤ちゃんに与えてください」と教わります。缶の表示というのは実はくせもので、「生まれた日数×一〇＋一〇」ですから、五日目だったら六〇グラムは飲みます。退院するころには九〇グラムは飲んでいるはず、と思うのは当然です。これだけの量を与えると子どもは眠ってばかりいて覚醒せず、母乳をくわえる気が起きません。

ポイント2　母乳っ子とミルクっ子の違い

母乳育ちの赤ちゃんの場合、頭が丸く小さく、お尻が大きく、そして全体的にこぢんまりと育ちます。ミルク育ちの場合、一度に大量に飲む子ですと、顔や頭が大きく育ちます。ビンからくに出るミルクをがぶ飲みしていた子は、母乳を飲もうとするときに反射を起こして飲むということが下手になり、その結果、母乳でも間をあけてたまり込んだものを大量に飲むために、こぢんまりした頭の丸い、いいスタイルには育たなくなるのです。頭の骨格の違いも、お母さんから眺めていると納得することが多いでしょう。大量に飲むとおなかに負担がかかり、よくうなる子になるので、へそヘルニア（いわゆるでべそ）になります。また、うなりによって赤ちゃんの後頭部が絶壁になったり頭全体がいびつな形にもなるのです。でも、そういうことには医療は無関心ですから、なかなか本音でこたえてはくれません。

ポイント3　丈夫な体質の子を育てる

群馬大学名誉教授の松村龍雄先生は、母親が食べたものによって、赤ちゃんに発疹《ほっしん》が出たり、あるいは脂漏性《しろうせい》湿疹が出たり、さまざまな皮膚の病気が出ることを、食べものアレルギーによるものであるとおっしゃっています。つまり、子どもを丈夫な体質にするためのからだづくりは、お母さんの食べるものに由来しているということです。国際母乳連盟では、世界のお母さんたちが集まって母乳育児を上手にやる方法を勉強していますが、最近は専門家の人たちも参加してきています。松村教授はそこの医学顧問をしていらっしゃいました。その次には、国立岡山病院の故山内逸郎先生も顧問をなさっています。山内先生は、日本初の五つ子の山下妙子ちゃんがおなかをこわしてしまったとき、国立病院から母乳を届けて命を救った方です。牛乳をもし点滴で人間の血管のなかに入れるとすぐ死んでしまいますが、母乳は死にません。母乳は人間の血だからです。血液型だと合う合わないがありますが、母乳はもっとよくできていて、非常にすぐれた飲みものだということが病児の回復の姿をみてよくわかります。

ポイント4　飲ませる回数

母乳で育てるコツとして次に重要なことは、飲ませる回数です。病院では一日にだいたい四、五回飲ませますが、皆さんは自宅で育てられる際、短時間でいいから頻繁に（たとえば両乳房で三〜五分でよいのです）、一時間に二回も三回も飲ませた方が自分の子どもの活気や表情がよくなるということを覚えていた方がよいですね。病院や保母さんたちがいうように間をあけて飲ませるよりは、頻繁に子どもの口を動かすようにした方がよいということ、これがコツなんです。

口を動かせば動かすほど、皮膚や筋肉もよくはたらきます。それはやがては知能に関係してきます。ものをかむということにも関係してきます。七田チャイルドアカデミーでは、子どもたちのお乳を飲む行動が脳のはたらきをよくするという研究をしています。七田眞先生は、子どもたちが持っている知能というのは、生まれた瞬間あるいは胎児のときが最も高いが、何らかの刺激が加わらないと、どんどん目減りしていくとおっしゃっています（これを「才能逓減《ていげん》の法則」といいます）。たとえば、大人の知能指数を一〇〇と考えれば、赤ちゃんでは二〇〇、三〇〇はざらだというんです。しかし、そのときに子どもたちがかむという動作を怠っていますと、知能が目減りしかねないということです。口元がぐっと締まっていないような赤ちゃんは、かみ方が下手なんです。ですからお乳を飲むのが大変下手なんです。でも、何回も飲ませているうちに少しずつ締まりがよくなってきます。

ポイント5　飲ませる間隔

母乳で育てるコツの最後に重要なことは、何時間も間隔をあけて飲ませなければならないとは思わないで、一時間に二回でも三回でもいいから、「はーい、アムアムしてごらん」と声をかけて、お乳をよろこんで飲む姿に合わせて飲ませてやればいいのです。

わたしは桶谷そとみ先生という先輩助産師の母乳育児法も勉強しました。桶谷先生は、お乳の反射に合わせて二時間半ごとに飲ませるのがよいと教えてくださいましたが、射乳反射を起こすお母さん方とともに学んでみると、飲み方の上手な子どもの場合、飲むたびに反射を起こしています。ですから二時間半待たないといけないのかどうかということは、状況によりけりであると思えばよいでしょう。働いているお母さんだったら、子どもを預けた時間から迎えにいくまで、あるいは家に帰るまで授乳できませんが、張ったりもれたりすることもなく落ち着いた乳房のままで過ごせます。お母さんがわが子のことを思い出したり顔を見たりすると、突然、母乳は湧き出してきます。そして、赤ちゃんがくわえるやいなや、反射を起こしてお乳が飛び出してきます。

徳島大学の青野敏博教授によると、お乳をつくるホルモンの分泌は分娩時に最高に達しますが、お産が終わり胎盤が排出されるとどんどん目減りします。しかし、子どもが飲むときだけは血液中の濃度が濃くなるのです。子どもに頻繁に飲ませると血中濃度は高くなり、欲しいだけ、飲めるだけの量が湧き出してきます。

赤ちゃんたちのお乳を飲む仕草を見ていると、まずは唇でお母さんの乳頭を締めつけます。そしてお母さんの目を見てじっと待ちます。この動作をくり返すと反射的に射乳してきます。そのときの母と子のやりとりに意味があります。締めつけているときにお母さんがぼーっとしている

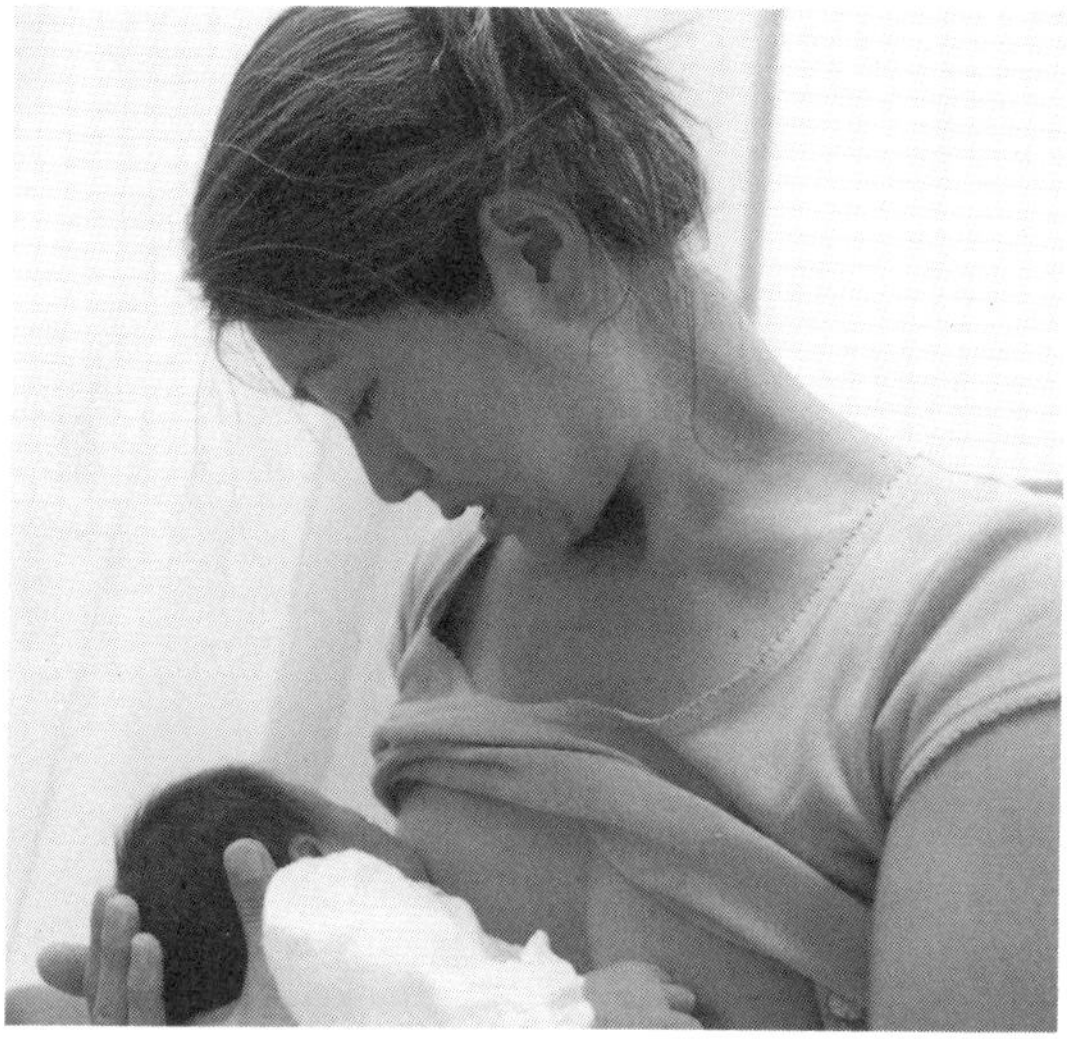

と、子どもは早くこっちを向いてくれないかという顔をします。締めつけたりゆるめたりして待っていると、突然わーっとお乳が湧き出てきて、そのときはじめてゆるやかに、あたかも物をかむようなゆっくりしたテンポでゴクンゴクンと飲み込みます。動物の行動学から、このような締めつけ行動を「物ごい行動」、待っているのを「期待行動」といっています。

また、射乳反射、乳輪、乳頭、乳茎、乳房は、男の人でいう射精反射、亀頭部、陰茎、睾がんと似ています。ですから子どもがお乳を飲むという行為は、オスとメスの営みに非常に似ています。これはきわめて生理学の基礎的なことですが、誰も教えてくれません。授乳とほ乳はエネルギーの交換ごっこなのです。授乳は両方の乳房で五分以内でいいのです。交互にとりかえとりかえして短時間で済ませます。これを短時間頻回授乳のすすめといいます。夜は母が寝るときと目覚めた午前三時ごろの二回飲ませるだけでいいのです。

あきらめないで母乳育児

ＷＨＯとユニセフは、地球上のすべての赤ちゃんの健康と幸せを願い、お母さん方が安心して母乳で育てられるようにと「母乳育児を成功させるための一〇カ条」を一九八九年に定め、世界中の産科医療に携わる人に対してこれを守るよう呼びかけました。

〔母乳育児を成功させるための一〇カ条〕

①母乳育児推進の方針を文書にして、すべての関係職員がいつでも確認できるようにしましょう。

②この方針を実施するうえで必要な知識と技術をすべての関係職員に指導しましょう。

③すべての妊婦さんに母乳で育てる利点とその方法を教えましょう。

④お母さんを助けて、分娩後三〇分以内に赤ちゃんに母乳をあげるようにしましょう。

⑤母乳の飲ませ方をお母さんに十分に指導しましょう。また、もしお母さんが赤ちゃんから離れることがあっても、母乳の分泌維持の方法を教えてあげましょう。
⑥医学的必要がないのに、母乳以外の水分、糖分、人工乳を与えないようにしましょう。
⑦お母さんと赤ちゃんが二四時間一緒にいられるように、母子同室を実施しましょう。
⑧赤ちゃんが欲しがるときに、いつでもお母さんが母乳を飲ませてあげられるようにしましょう。
⑨母乳で育てている赤ちゃんに、ゴムの乳首やおしゃぶりを与えないようにしましょう。
⑩母乳で育てているお母さんのための支援グループ作りを助け、お母さんが退院するときにこれらのグループを紹介しましょう。

そして一九九一年には、この一〇カ条を完全に実践している産科施設を「赤ちゃんにやさしい病院」として認定する制度ももうけられました。世界中で約一万五千の産科施設が認定を受けていますが、これの世界第一号は、故山内逸郎先生が母乳推進の努力をしてこられた国立岡山病院でした。ただし、日本ではまだまだ浸透していないというのが残念ながら現状で、二〇〇二年現在の日本国内での認定数は、まだ二〇施設にすぎません。

このような現状ではありますが、皆さんは「よいお産」「医療的介入の少ないお産」をぜひともめざしてください。病院から自宅に戻ってきたら、わたしたちのようなサポートする助産師や、トラブルを治療する技術をもって専門の相談者になっている母乳コンサルタントも活用してください。そして何より、はじめての母乳育児は、素直に赤ちゃんから教わるという姿勢が最も大切です。

母乳育児を成功させるために

母乳と粉乳のちがい

人間であれ、動物であれ、はじめての母乳育児というのはなかなかうまくいかないものです。それにもかかわらず、一般的には、保健所や病院が実施している妊婦向けのマタニティ・クラスなどではそれほど真剣に取り組もうとはしない妊婦が多いのです。

ある調査によると、八〇％の人は母乳で育てたいと希望しているといいます。それなのに、母乳育児をサポートしているわたしたちの声を聞く前に、すでにあきらめている人が多いのは、なぜでしょうか。

その理由として、「母が出なかったから、自分もどうせ出ない」という声が多いのです。「母が出なかった」のは、二〇～三〇余年前の一九七〇年前後は母乳育児をめぐるサポートシステムが遅れていたからなのです。

哲学者のジャン・ジャック・ルソーは、一八世紀のフランスにおいて、「農村で植物性の食事をしている母の赤ん坊は、腹痛をあまり訴えず、母乳をよく飲む。ところが、都会に出て乳母となると、乳の出をよくするために動物性の食事を与えられるが、そういう乳で育てられた子は腹痛を起こしやすい」ということについて、その著書『エミール』のなかで触れています（岩波文庫ほか）。

皆さんのお母さんたちが二〇～三〇余年前、母乳をあきらめて粉乳で育てたという真の原因は、まさにJ・ルソーの指摘のごとく、腹痛を訴えて泣く子に負けて「出ない乳房」だと勘違いした

のでした。だから「乳房は固くしこるばかりで、子は飲まず、出ないましおれてしまった」というのです。粉乳は「とろとろ」と、また「うとうと」と、赤ちゃんたちを眠りの世界へと誘います。「起きて泣く子の面憎さ、寝る子のかわいさ」は粉乳育ちの子の特徴です。母乳、それも品質のよい母乳で育った子は、「起きてキラキラと輝き、よくあそぶかわいらしさ」にみなぎるのです。

よい母乳のために

現代の人びとは食べものに対する関心が高いにもかかわらず、「真実は見てはならない。真実は語るなかれ」という考えを地でいっているかのごとく、母乳と食べものの関係について大っぴらに語り合うことがはばかられる状況であるといえます。泣く子は、アレルギーで腹痛や頭痛を起こしているのです。お母さんはごはんをよくかんで食べ、よく働いて暮らすようにしてください。母乳が出ないと感じたときは、まったく飲んでくれなくてもいいですから、赤ちゃんに「アムアムしてね」とお願いしながら飲ませてみてください。このような語りかけは、大変効果があります。

はじめての母乳育児でつらいのは、「固く張り、乳頭は吸いすぎて割れて血が出る、痛くて授乳できない」というものです。

これも、犬や猫にも同じことを認めるでしょう。痛いときはお粥《かゆ》を食べ、おかずは極力食べないことです。院内の給食のうち、牛乳や油料理、甘いケーキなどは食べないようにしてください。

病院給食は、およそ二二〇〇キロカロリーを基準に献立を立てます。油や砂糖を調味料に使い、牛乳や卵を用いています。はじめての母乳育児をすんなりとやりとげるには、穀物（お粥、または玄米おむすび）中心に少しの菜食が理想的です。産後四、五日たっても乳房は「フニャフニャ」して温かく、赤ん坊がくわえると反射的にジーンと感じられる状態をよしと考えましょう。

赤ちゃんの吸引反射が母の脳を刺激したとき、「射乳」といって勢いよくほとばしり出る母乳を赤ちゃんは好みます。母体からしゃにむに射乳反射していく乳房には、強烈なエネルギーの波動を認めます。赤ちゃんは頬をふくらませ、またへこませ、そして奥歯で固いものをかみ砕くときにみられる咀しゃく行動をしながらお乳を飲みます。赤ちゃんの頭の皮膚がそれに連動して感じられると同時に、大胸筋や頸部の筋肉も波動を伝え、胸郭《きょうかく》のよく発達した子が育ちます。

母乳の分泌量が非常に少なく、出が細い母の胸にしがみつき、この波動をわたしに伝えてくれたゆうき・あんり両兄妹がいます。最初の一年間はあたかも栄養失調のように成長の遅い兄妹でした。小児科医からは「ようすを見てよい」と診断されていたので、ともかく少量ずつ頻回授乳とかみかみごはんで育てました。すると、二歳すぎから三歳にかけてこの兄妹の胸板はとても分厚くなりました。出の細い母乳を努力して頻繁に飲むことは、息を吸いたっぷりと吐く丹田《たんでん》呼吸をしたのと同じ効果があったのです。ゆうきくんは、自分が丈夫な大きい胸に育ったことをとても感謝してくれました。

激しく泣く赤ちゃん（コリック）

生後まもないころの赤ちゃんから二歳ぐらいまでの子どもたちは、突然おなかが差し込むような激しい痛みに襲われて、手がつけられないぐらい泣き叫び、両親をおろおろさせることがあります。

赤ちゃんは、語りかけるような泣き方をするのが自然で、激しく泣くようなときは、もっぱら「おいしいおっぱいが欲しい」というサインだと思っていいでしょう。

けたたましい泣き方をするときは、「コリック」といって腸の一部がちぢみ、もう一方がひろがり、その境目のところが、あたかも吸い込まれるほどの圧力をもってけいれんするような痛みを起こしています。肥えた元気のよい七、八カ月の子でもしばしばかかるこの激しい痛みを「腸重積」といいます。このときは病院へ行かなければ治りません。

生後まもない赤ちゃんが突然激しく泣き叫ぶとき、ことに夜中などはどうしたらよいのか弱り果て、わたしのところへも電話で相談してこられる方が多くおられます。このようなときは、すぐおなかを温めてください。二〇分温めるとたいていは治るはずです。

さて、夏は暑いのはあたりまえ、赤ちゃんも暑さに弱いからすずしくしてあげようと、一日中クーラーをかけっ放しの家庭があります。とくに、立て込んだ都会の家々は、窓を閉め切って暮らさざるを得ず、クーラーに頼ります。低いベッドを部屋のすみに置き、そこに赤ちゃんは寝かされています。

立ったり座ったり仕事をしているお母さんは感じにくいのですが、赤ちゃんは寝たきりで、上掛けも薄いか、掛けてなかったりします。また、着ているものはノースリーブやパンツ型のものだから、すずしさに負けて腹痛を起こします。夏なら綿、冬ならメリヤスのスパッツをはかせて寝かせ、下半身を温かくしておくことが予防法です。とくに、太股《ふともも》からひざ、そしてむこうずねから足首までがほっかりと温かいときは、赤ちゃんも気持ちよくらくに過ごすことができてコリックにはなりません。

母乳相談を行なっているところで、しっかりとコリック対策を聞いて日ごろから気をつけて暮らしてください。

あるとき、普段は病院の母乳外来に通っているお母さんが、わたしの相談所に飛び込んできました。かけ込んできたとき、赤ちゃんに触ると下半身がとても冷たかったのです。バケツに湯を入れ、塩をひとつかみ入れ、ヒノキ油を一滴入れて、そのなかへ赤ちゃんの下半身をつけました。

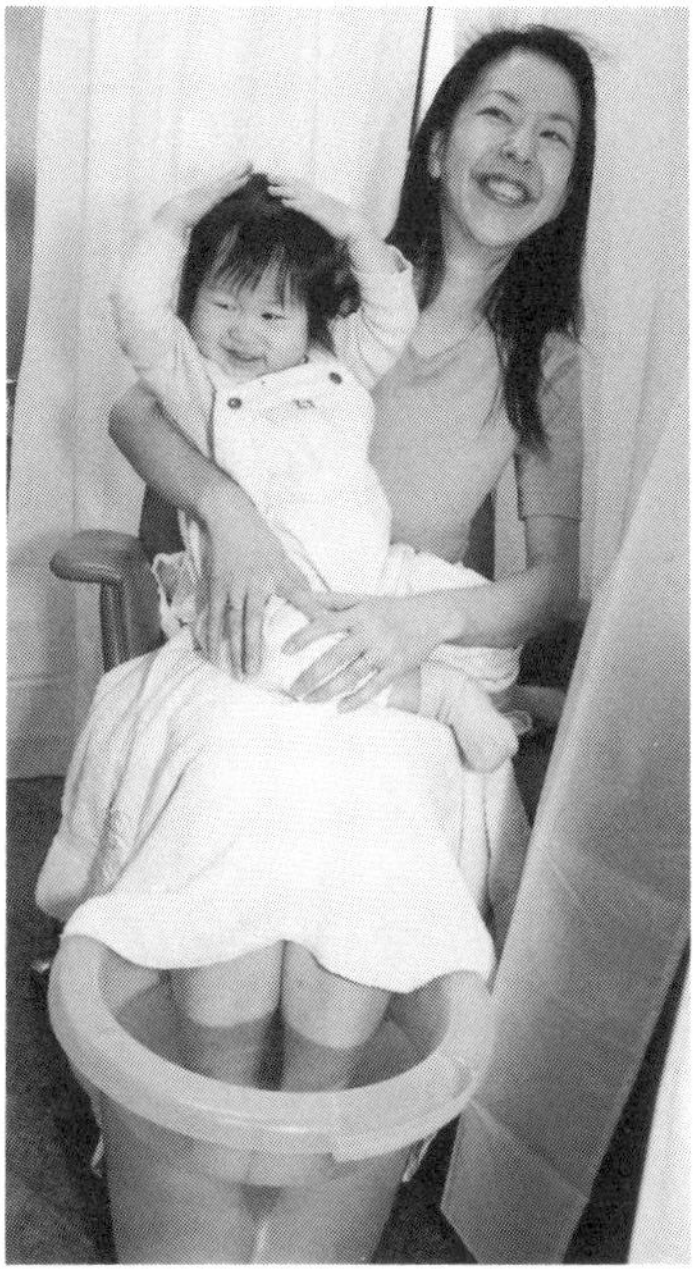

赤ちゃんは顔をやや紅潮させ、少し汗ばむくらいになるにつれ、突然よく目を見開いて、ニコッと笑いました。生後一カ月も経たない赤ちゃんが、ちゃんと「うれしい」「ありがとう」「らくになった」と、わたしたちに瞳であいさつを返してよこすのです。

足浴と半身浴が終わったら、よく拭

いてベビーマッサージをしました。アラビアンナイト風のズボンをはかせてお帰ししました。もちろんお母さんには、「和食中心の食生活にして、ビールやジュースを控えて、くだものもひと休みしてね」と頼みました。温かいおっぱいは、コリックの子にとってはくすりにまさる飲みものなのです。

よいウンチ悪いウンチ

悪いウンチとは、粘液や血液が混じったり、水様便や逆に石ころのように固いものをいいます。明らかに病的な状態のウンチのことです。

ところが、お母さんたちにとって「病的な悪いウンチではないことはわかるけれど、かといってよいウンチとは思えない」というときがあります。

たとえば「母乳の子だから、下痢のような軟便のときでもそれがあたりまえ」ということではなく、なかには固まっていてほしい便もあります。また、粉ミルクの子だから白っぽくて固い便でよいというわけではなく、黄色でやわらかめの方が肛門部の痛みが減ると思います。

母乳の子だろうと粉乳の子であろうと、石コロのような固まったウンチよりは、ニューッと連なって出た方が気持ちがいいだろうに、と思ってしまいます。また、拭いても拭いてもなかなかぬぐいきれないような粘った便だと、肛門周囲の粘膜が痛みやすいでしょう。肛門周囲がただれやすくなる便もあります。

新生児の便は、胎便が最初に出て、経口摂取がはじまると色や形が徐々に変わっていくので、これを「移行便」といいます。赤ちゃんの「よいウンチ」と「悪いウンチ」を考えてみると、「胎便」の形成と形状にヒントがあるといえます。

胎便の形成というのは、胎児時代になめていた羊水によります。安産で無事生まれた赤ちゃんは、生まれてから一、二日のうちに胎便を排泄します。その形状は直径一〜一・五センチほどあり、棒状に五〜七センチの長さのものが一日に三〜五回出ます。この胎便は、母乳や粉ミルクを飲むようになると、「移行便」といって胆汁が混じった黒っぽい黄色の便に変わってしまいます。

一方、難産でしかも仮死状態で生まれる赤ちゃんのうち、とくに重症の子は、胎内にいるあいだに胎便が出て羊水をにごらせます。そのため生まれてからの便も少ないのです。

母乳児の場合でも、あたかも安産後の胎便のごとく、棒状に排泄できると「よいウンチ」であるといえます。

事実、母親が妊娠後期から産後二、三カ月ごろまで、食べものに気をつけ油っこい食品や甘いお菓子やくだものを控えているときは、胎便に似た形状で排泄します。また、食べものに気をつけるとおしめかぶれもできないし、野菜の量を加減すれば石ころのような便にはならないものです。

お母さんが納得できるイメージどおりのよいウンチは、実は毎日の食べものと食べ方によって決まるのです。野菜が多いとヤギ、シカ、ウサギに似た固まりの糞状になります。油や魚肉が多ければ粘った便で、拭いてもなかなかとれにくいのです。線状に血が混じったり、白い粘膜だけの便のようなときは、大豆アレルギーの症状と考えて豆のものをいっさいやめてください。そのあとで、わたしたちに乳房の治療をさせてください。おどろくほど簡単に、しかも早く回復してびっくりされることでしょう。

ゴボウの種と母乳育児

ゴボウは、キンピラや酢ゴボウ、柳川鍋には笹がきにして入れ、ドジョウとともに煮るなど、料理の幅が広いのでたのしみな野菜です。

みそ汁に約一〇センチほどの長さのゴボウをおろし金ですりおろして入れると、だしが出て味がよいものです。便秘に効果があります。

高熱が出たときは、ゴボウのすりおろしと大根おろしを混ぜ、ふきんで漉《こ》して五〇～一〇〇ccほど飲むとガスがたくさん出て解熱します。大根の苦味が強いときは、酢かみそを少し入れると辛さが弱くなり子どもでも飲めます。

ゴボウの葉は、京料理では食べますが、一般的には食用にしておらず、これをおっぱいの痛いときに湿布剤に使います。香りがよく、気分をなごませます。扁桃腺炎のときは首に巻きます。日本版ハーブテラピーといえます。

ゴボウはキク科の植物です。二年に一回頭状花をつけますが、一般にはゴボウの花を見る機会はあまりありません。ゴボウの果実がゴボウの種子です。これはくすりです。自然に実ったゴボウの種子は、はしの方にトゲのようなものがあります。

日陰干しにしたあと、果実を叩いてゴミをとり、乾かしたものが「ゴボウ子」と呼ぶくすりで、長めの偏平な卵形で約六ミリくらいの大きさです。母乳相談に際して、このゴボウ子は大変役に立つ作用のあるくすりです。

わたしたちのからだは、管が束になって全身をめぐりまわっています。このゴボウ子は、からだの細い管の目づまりをそうじする効果にすぐれています。「お乳が出にくい」「出ない」「つまった」「しこった」「腫れた」などといった場合、わたしの相談所ではすぐゴボウ子を焙って食べてくださいと話します。虫歯の痛みやのどの痛みにも効きます。気づまりにさえ効果的です。

水ぼうそうやとびひ（伝染性膿痂疹《のうかしん》）の際は、子どもにゴボウ子をかじらせます。ゴボウ子をかじると発疹が出やすくなり、治りが早いのです。解毒や利尿や痛みをとる作用があり、しばらくするとらくになるのがわかります。でも不信感がある人は食べるのをやめます。すると症状がぶり返します。ためしにまた食べてみると、やはりらくになります。目のものもらいに悩んでいた人が、急にうみが出てきれいになったと驚いていました。

ゴボウ子は、ちゃんとした日本薬局方指定の薬品なので、薬局で購入することができます。ぜひ、ためしてみてください。

使い方は、ゴマを焙るように焙ってフタつきの容器に入れて保存しておき、一回一〇〜三〇粒を一日三回ぐらいよくかんで食べるだけです。薬剤師さんは煎じて飲む方法を教えてくれます。苦味があるので、かむ方がよいというお母さんたちもいます。

からだに効くものがわかる乳児たち

インフルエンザのはやる冬は、多くの子どもたちが苦労します。

嘔吐したり下痢をしたりして、小児科でいただいたくすりを飲ませる人も多いことでしょう。だが、くすりがきらいな子も多く、飲ませられないとぼやく母親たちからたくさんの電話相談を受けます。くすりを飲んでも吐き戻す子の場合も親を心配させます。

わたしたちは、ともかく「こんにゃくをゆでてバスタオルに包み、やけどに気をつけながら腹、尻、腰、足を温めてください」といいます。

そして、みぞ落ちのところへ、子どもの大きさに合わせ三×五センチぐらいの芋パスタ湿布をすすめました。すると三〇分もすれば下半身が温まり、不機嫌だった子はようやく落ち着きぐっすり寝てくれます。

「あとは吐いても戻しても、とにかく母乳を頻繁に与えてください」と伝えます。「夜なら一一時と三時に授乳させ、朝六時ごろ授乳してまた電話してください」などと、電話の向こう遠くにいるお母さんに、電話一本ですぐそばにいるように感じられるアドバイスをしています。母乳育児で丈夫に育っている子であれば、そのていどの手当て法でも効果があります。

翌日も下痢が続くときは、「ミヤリサン」(乳酸菌整腸剤の一種)をお母さんが飲むようにとか、子どもが四カ月以降なら大人の三分の一ぐらいなめさせてと伝えます。医師のくすりをあれほどいやがって飲まず、「ベエーッ」と吐き出して親を困らせていたのに、ミヤリサンならちゃんとなめます。

これと似たことは「滋養鉄」という食べものも同様です。母乳育児をしていると、はじめからガブ飲みをしてよく肥えた子や、「出すぎると感じる乳房」のお母さんが育てている子は、およそ八、九カ月がすぎると顔色が悪く貧血気味になります。医師からは「貧血だからくすりを飲むように」といわれますが、子どもは鉄剤をきらい、飲んでくれません。ところが滋養鉄を食べさせると、貧血がない子は飲みたがらず、貧血がある子は、無理強いしなくてもいつも「これこれ」とよろこんでなめたがります。しばらくなめていたと思っていると、何日か経って、あれほどなめたがった滋養鉄を「イヤ」と拒否します。無理強いしても頑固に飲みません。

ミヤリサンも滋養鉄も一般的に医師からは処方されません。しかし子の選択眼の確かさを知るには参考になりました。

ロタウイルスの子はやがて激しい咳《せき》が出るようになります。すると今度はくだものや果汁を好みます。普段なら与えたくない飲みものですが、インフルエンザのとき、咳の激しさを軽くしてくれました。咳が引くと同時に子どもたちはくだものや果汁をいやがるようになりました。

ブルーなんかじゃない、まともだよ!

Kさんは郷里の実家近くの総合病院で出産しました。

母乳育児を希望し、妊娠中からわたしの相談所へも通い、準備をしました。妊娠後半期は油やくだものを控え、胎動にも気をくばり、ゆるやかな動きが続くように注意していました。

さて、予定日から一〇日すぎ、土曜日の午前二時に無事男児を出産しました。目方は二九八〇グラムです。

臍帯《さいたい》（へその緒）を切る前におなかの上に乗せてほしいと望みましたが、ダメでした。生まれて三〇分以内にお乳をふくませてほしいことを、あらかじめ頼んでおいたのですが、当番ナースたちは伝言を聞いていなくてその願いもかないませんでした。もし、日中のお産だったらきっと頼みを聞き入れてもらえただろうにと、がっかりしました。

赤ちゃんが沐浴をすませ、病院のベビー肌着をまとい、ナースに抱かれてそばへ来たとき、もう一回「授乳させてください」というと、「もう遅いから休んでください。眠って、早く疲れをとりましょうね」といわれ、赤ちゃんは新生児室へ行ってしまいました。

「休んで」とか「眠って」といってくれるナースの配慮はわかっていても、「三〇分以内の授乳の大切さ」について山内逸郎博士の本を読んでいたことや自然育児相談所で聞いていたことが脳裏で大きく幻聴のように響いて、「飲ませたい、飲ませたい、歩いて行って飲ませようかなあ」とクヨクヨと思いわずらいました。

結局、産後二時間まで固い分娩台の上で寝ていたわけで、寝苦しく一睡もしないうちに窓は明るくなりカラスの鳴き声が聞こえてきて、急にかなしくなりました。涙をぬぐっていると「さあ、休めましたか。お部屋へ戻りますよ、産後は感情が高ぶるから！　うれし涙でよかったですね」といわれてしまいました。

「休んで」「眠って」「うれし涙」ととらえているナースの気持ちと、相変わらず「三〇分以内に飲ませたかった」と、「眠れない固いベッド」の上で不眠だった情けない自分の思いとが、ずっとちぐはぐなのに、どうしようもありませんでした。

分娩室の外では実母と夫が待っていてくれて、「ごくろうさん」とねぎらわれるや、また涙がどっと出ました。「三〇分以内に飲ませたかったのにダメだったのよ」というと、母は「何いってるのよ、朝っぱらから。赤ん坊ならミルクだって育つよ」と励ましたつもりでカラカラしています。夫は「そうか残念だったな、まあ何とかなるさ」と困惑していました。

日曜日から金曜日までのあいだ、結局Kさんは「産後ブルー」といわれ、授乳させてもらえず、石のように固くなった乳房への手当て法を電話でわたしに問い合わせてきたのです。

「ブルーなんかではないよ。退院したら元気になるように支援できるから一度戻っていらっしゃい」と話しました。それから一カ月経ち、やっとお産のときのくよくよしたかなしみは消え、次第にほがらかなお母さんに変化しつつあります。

食べものと母乳

母乳をいやがる子ども

生まれてまもない子から三歳すぎまで、子どもたちは母乳に無関心であったり、乳幼児食にも執着せず、しばしば母親を困らせます。

生後まもない子が母乳を好まないのは、母乳のにおいや温度に鋭敏に反応する能力があるからです。一方で母親は、乳児がそのような判断力を発揮できるなどとは思いもしません。ましてや、お母さんの妊娠中の食生活によって、胎動にのんびりさ、ゆったりさ、元気よく動くなどといったサインを出していることなど知るよしもありません。

それどころか、カルシウムを補うために、牛乳をできるだけ努力してでも多く飲むことが必要と思い込んでいて、お母さん本人でさえきらいな牛乳を努力して飲んでいます。またビタミンのためにと錠剤を服用したり、健康食品を買うなどして家計を圧迫しているありさまです。

もっと率直に、単純に考える人は、牛乳やビタミン剤は必要な人が摂取するだけでよいと考えて、きらいな牛乳をやめることでしょう。すると胎動がゆるやかになり、胎内から「ありがとう」とよろこんでくれるようすにすっかり感銘を受けます。子どもがよろこぶ食生活をめざすには、妊娠八、九、一〇カ月には油っこいものや砂糖を控えることでしょう。

分娩後もその延長線上の食生活を心がけながら授乳をします。すると、はじめから母乳を拒否されることなく、まじめにたっぷりと飲みとってくれます。

ところが入院した産院では、食事はどこよりも評判をよくしたいと思っていて、単なる給食ではなく、見た目には素敵なコース別のランチメニューがつきます。ディナーメニューはさらに豪華に用意され、あげくの果てにはお夜食として冷果やスイカ、メロンなどが並びます。

もちろん、それらの食べものが乳房をパンパンに張らして痛ませるとか、赤ちゃんが泣いて飲みつかなくなるということをアドバイスする職員はいません。いざ抱き寄せて授乳しようと乳房を近づけると、怒ったように反屈して抱きにくいので、疲れてしまって授乳がいやになります。

おいしいおっぱい、まずいおっぱい

生後二カ月の赤ちゃんが、母乳をいやがって飲みつかずにいるBさんが相談にみえました。Bさんは、佐渡の実家で出産したあと、一カ月後に東京に戻ってきました。

はじめから飲み方がスムーズにいかず、人工乳首を乳頭に装着して何とか飲むようになり、徐々にじかに飲めるようになったので家に戻ったのです。だが自宅に戻るやいなや、また元の状態に戻ってしまい、まったく飲みつきません。乳房は割とやわらかいのですが、飲みつきが悪いため、お母さんの乳頭は固くちぢんでいてほとんど伸びてきません。母乳は塩味があります。

そこで、那須からわざわざ来所されたMさんの胸を借りることにしてみました。

Mさんの一歳八カ月児は乳児湿疹と真菌による感染があったので、母親は穀物中心の食生活に切りかえ、牛乳や卵を避け、よくかみ砕いています。胸も温かく、乳汁の色も青みがかった光沢のあるおいしい母乳が出ていて、Mさんの子どもはとてもおいしそうによろこんで飲んでいます。

Bさんの子をMさんの胸に抱き寄せてもらいました。すると、いままで不機嫌にぐずり、反屈して抱きにくく、親を疲労困ぱいさせていた赤ちゃんは、Mさんの顔をよく見つめ、目と目を合わせて、自分からMさんのおっぱいに飲みつこうとしました。「やっと本当のお母さんに抱かれてよかった、うれしい」というような表情で、呼吸も深くなり、くつろいだしぐさでMさんに抱かれています。

ちょっとなめさせるまねをして、すぐにBさんの胸に交代して授乳させました。乳頭が赤ちゃんの口から抜けないようにと思い、一部を軽く押さえて待ちました。「アムアムしてね！」とくり返しBさんの赤ちゃんに語りかけました。

するとどうでしょう。今までは、ほ乳できていなかった赤ちゃんが、ちゃんとおとなしくおだやかに乳房をくわえて、「アムアム」と振動を伝えてくれているではありませんか。

Bさんは感激しています。

でも、Bさんのおっぱいは黄色く粘稠《ねんちゅう》していてまずいのです。だから赤ちゃんもすぐに離れて元に戻り、Bさんを困らせていました。

Bさんが佐渡にいたときは、朝食はごはんを中心にみそ汁と漬けものや大根おろし、シラス干しなどを食べる生活でした。だから、わずかであっても赤ちゃんは飲みついていました。東京の自宅に戻った日からは、朝はトーストと牛乳の暮らしになり、くだものや甘いケーキも食べています。それらは、今の世の中にあってはごくふつうの人のあたりまえの生活ですが、これでは赤ちゃんが母乳をきらい、飲むことに無関心になってしまいます。

その結果、当然のこととして、子どもには粉ミルクを多めに与えてしまいます。Bさんの子はよく眠ってくれる手のかからない子ですが、このままでは、感情の表現が下手なまま育っていく心配があります。

食べものを無理強いしない

三歳のCちゃんは、お母さんとのコミュニケーションが下手で育てにくい子です。保母さんも、同年齢の子と集団でのごっこあそびができず、ひとりで黙々とあそぶCちゃんを心配しています。歯列の不正咬合《こうごう》もあり、食べものを上手にかめないため少食です。母親は、Cちゃんは食べものに無関心であり、少食のためからだが小さいので、何とかたくさん食べさせたいと悩んでいます。

Cちゃんのお父さんはカナダの方ですが、食生活はごはん中心で和風に暮らしています。お父さんは、自分自身も子どものころは少食でやせて小さい子だったが、三〇歳をすぎたらこんなに大きくなりました、と笑っていました。「その子なりに成長するから、母親が心配するほどのことはない。どうか安心してください」と助言しました。基本的には、保育所に預けて育てながらも、母親が働くことはよいことです。母子二人きりでテレビだけを見て一日を過ごしたり、昼間からマージャンをしてあそんでいるお母さんよりは、とにかく外で働く方がお母さんの気力も充実します。また、保母さんのような家族以外の人が関わることにより、子どもとのコミュニケーションが円滑となる例を多く見ています。

ときとして、Cちゃんのように保育園という小さな管理社会になじまない子もいます。それというのも、Cちゃんの場合は母乳育児のときから多種類の離乳食をうんざりするくらい与えられ続けた結果、今になって反動が出ているのです。

乳児の離乳食を作るものの、食べない子に腹を立て、あげくの果てに食べものを捨てているような人は、作るのをやめた方が母子ともにリラックスできます。働いている人は、家では母乳と塩おむすびのごはんだけでもよいのです。

食べものを無理強いしてはいけません。無理強いして食べさせられた子は、かならず母の思いどおりには育ちません。泣き虫で集中力を欠くような子になると思った方がよいでしょう。

なおCちゃんは、舌小帯の癒着症という異常がありました。舌の動きが悪く、飲み下手で母を困らせ、かみかみもうまくできません。少食でやせた乳幼児期を過ごすのもそのせいです。専門医による舌癒着症の治療法があります。わたしたちの相談所では、それがわかる助産師や専門医を紹介しています。

母乳には免疫力がある

母乳には免疫力があります。だから生後六カ月までは、はしかやジフテリアにはかかりにくい丈夫さをもっています。

先日来所されたお母さんの相談は次のようなものでした。

生後二カ月の赤ちゃんが、お兄ちゃんの風邪をうつされたのか咳《せき》をしています。熱は三七・九度で、赤ちゃんとしてはやや高めです。医師からは、母乳には免疫力があるから授乳中（六カ月）は風邪をひかないといわれましたが、友人からそんなことはないといわれ困惑しているようです。

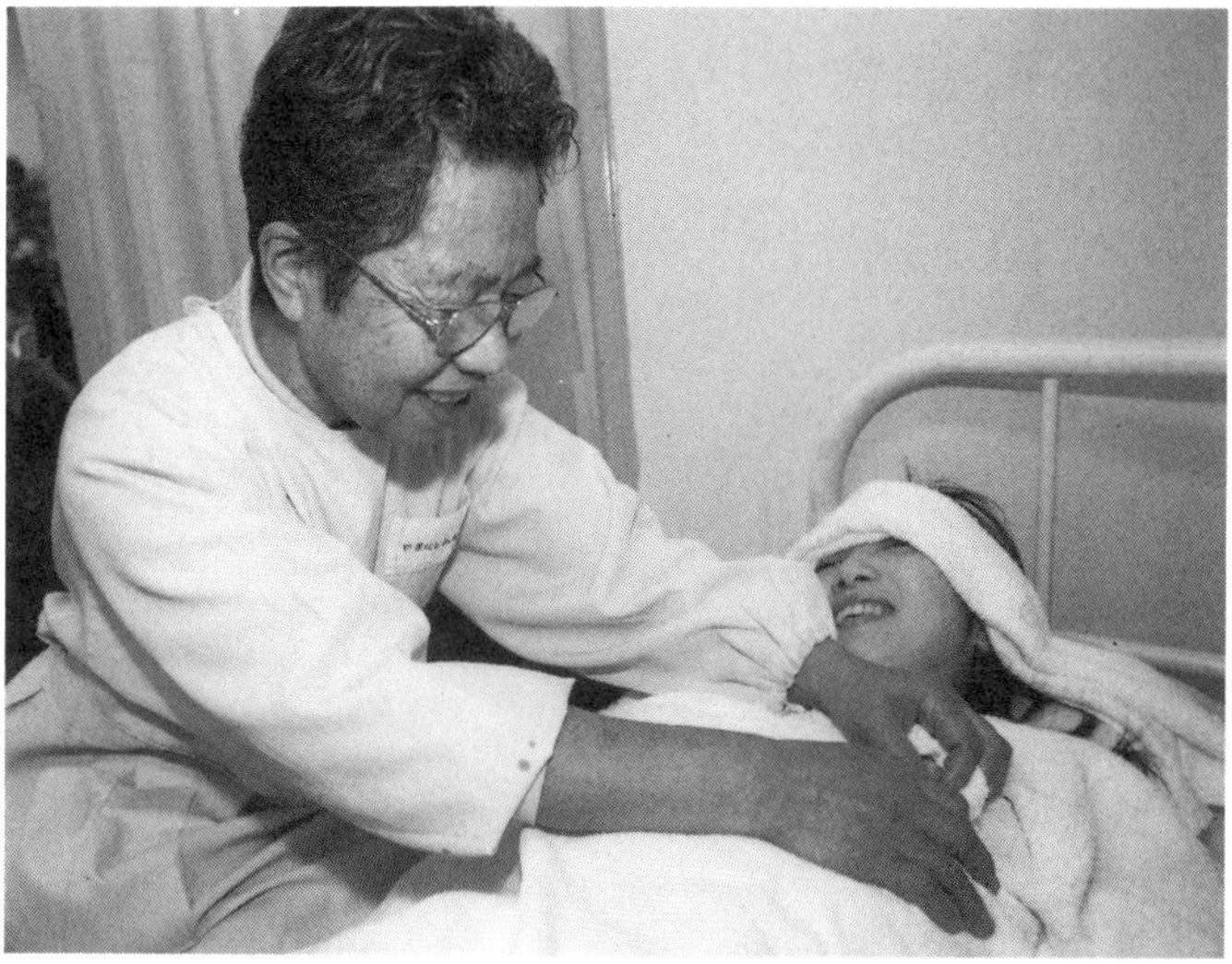

著者による乳房治療手技

そこでわたしたちは「お母さんの指摘するようにお兄ちゃんの風邪がうつったかもしれませんね」と一応肯定したうえで、お母さんが兄とともにした食卓のメニューを確認しました。

メニューを見るときは四日ほど前にさかのぼり、祖父母や知人の来客や園の行事なども思い出し、りんご・グレープフルーツ・もも・ナシ・メロン・アイスクリーム・ジュースなどを食べたかどうか調べます。

また、園で流行している風邪のようすや相談所で把握できる流感の状況も参考にします。

そして、そのとき赤ちゃんの熱も確認して、全身の体表面の温かさの図を描きます。この赤ちゃんは体温が三七・九度ですが、胸背よりもへそから大腿部・下肢までの下半身が冷たいなど、体温のバラツキがありました。上半身より下半身が寒がっているのです。塩ひとつかみ入れた湯に下半身を入れて座浴したり、遠赤外線温浴器などを使ったりして温めます。保温の結果、一度ぐらいの熱の下降が見られます。

こうしてお母さんには乳房治療手技を施し、全身にテルミーをかけ、温かい母乳が出るようケアをします。赤ちゃんにも胸、腹、背面、臀部《でんぶ》（おしり）にテルミーをかけたり、頻回授乳をします。首にはユーカリをブレンドしたアロマテラピー用の「はな」オイルをスカーフのように巻いてようすを見ます。

赤ちゃんもお兄ちゃんも風邪であるとひとくくりにせず、温かさや不快さを知り、調整し、ケアをします。こうして、二、三日で回復しないときは医師を紹介しています。

食物アレルゲンとして考えられる原因はくだものです。見当をつけたアレルゲンの食べものを「五日回転法で食べたり休んだりしてようすをみましょう」とお話しします。お母さんへの保温のためのケア充実と乳房治療手技の結果、母乳の品質がアップしてきます。

高品質の母乳は赤ちゃんにとっておいしく、においもよく、温かく免疫力もアップするのです。その結果、いわゆる風邪症状は徐々に回復していきます。どんなにアレルギー反応を起こそうとも母乳の免疫力は強大です。免疫力がないといっている友人の方にも、母乳の免疫力の強さを教えてあげてください。

食物アレルギーを防ぐ

最近、「母乳栄養の方がアトピー性皮膚炎にかかる頻度が多くなってきた」という新聞記事を見ました。このような記事内容は、現実をよく知らないか、あるいは食べものと子どもの体質との関わりをじっと見つめていないのではないでしょうか。いずれにしても短絡的な見方です。

元上野動物園園長の中川志郎氏によると、動物園のライオンが子に母乳を飲ませようとしないので人工栄養をやったそうです。すると何回やっても子ライオンは死んでしまったといいます。人間の子は人工栄養でも育ちますが、ライオンでは母乳に代わる食べもの（粉乳を含む）のなかに体質の丈夫な子に育てるにはふさわしくないものがあったということです。人の子も丈夫な体質の子に育て、長寿をまっとうできるように願って、あらゆる手立てをして母乳を与えるべきです。

アレルギー体質を調べる「IgE抗体値」というものがあります。妊娠中から少食で、よくかんで食べ、偏食せずに自分で料理したものを食べていたお母さんから生まれた赤ちゃんは、IgE抗体はまったく出てこないのです。

ところが、水を飲むより牛乳の方が栄養があると思い込み、一日に二本も三本も飲んでいたというお母さんや、朝から卵二個、夜もサラダに卵を一個などと、一日二、三個以上食べていたお母さんから生まれた赤ちゃんは、生まれたときからIgE抗体値が高くなった例もあります。母乳で育てていてもアレルギー症状は出ます。一時的にはIgEも高くなるのですが、人工乳に切り替えるとIgEはなおさら高く、また長いあいだ続きます。

Oさんの子どもは、生後二〜八カ月ごろまで顔から上半身にかけてひどいアレルギーを出していました。母乳で育てながら離乳食の指導をして食べさせると症状が悪くなりました。やむを得ず、塩むすびをお母さんがかみ砕いて少しずつ何回も与えているうちに、徐々にきれいな皮膚になりました。それでもIgEは三〇〇〇と異常に高値でした。しかし、母乳と塩むすびで育てた結果、一歳できれいな皮膚になり、二歳のときにはIgE値も五〇以下に下がったのです。

Oさんは、高校教師のかたわらイトオテルミー療技師の資格をとり、血液循環の悪い冷えたアレルギー体質の子を徹底的に温熱治療しました。食べもののなかには、からだに合うものと合わないものがあることを、わが子を通してよく知ったのでした。

アレルギー体質には、はっきり型（二〇パーセント）と隠れ型（八〇パーセント）があります。母乳育児の場合は前者、人工乳では後者の型が多いので、うわべだけ見て「母乳のほうがアトピーにかかる頻度が多い」と見立てた人がいて、こういう記事になったのでしょう。

母乳にいい食事をめぐって

先立って、主として開業助産師を対象とした講習会が開かれ、わたしは「母乳にいい食事」というテーマで皆さんに話をしました。

一般的には、母乳は「たくさん出さえすればいい」と思われています。したがって、昔から鯉コクやもち、だんご、牛乳などを産婦にすすめる風習があります。

茨城県下では、産後の三日目にぼたもちを食べる習慣があります。

富山県ではだんごだと聞きました。

母乳のことを、助産師なら誰でも正しくきちんと理解しているとは

限りません。そのため、お産が終わるとこのときとばかりに、舌ざわりのよい高カロリー食で、しかも動物性たんぱく質を補給するといって、牛乳や卵は通常よりやや多めに給食されるのが習わしです。

その結果どうなるかというと、産後三、四日目には両乳房がジンジンと石のように固くなり、腫れて激しい痛みを感じるようになる人もいます。そんなときうっかりしていると、やたら乱暴な手つきで乳房をぐいっとつかみ、もみほぐすなどしてあざができるほど、それはそれはひどいことをするナースもいます。お産よりもつらいおっぱいマッサージとは、暴力以外の何物でもありません。

そこでプロの助産師対象に、あらためて「母乳にいい食事」を考える取っかかりになればと念願し、わたしの出番となりました。

「母乳にいい食事」とは、お産後の早期に、乳房がカチンカチンに固くならない食事のことです。また、胸から背中そして後頭部にかけて、血の循環《めぐり》がよくなり、乳房の周辺まで全体に温かくなる食事のことです。

さらに、赤ちゃんの舌のきびしい「品質管理能力」に合わせて、赤ちゃんが「ＯＫ」「飲めるよ」といってくれる母乳を作り出せる食事のことです。しかも、乳児の食物アレルギーの発症を低くおさえる食事でもあります。

まれに、差し入れしてもらってまで、給食以外の食べものを食べるお母さんもいます。そのあとは、やはり急に乳房が張って痛みます。すると、目から火が出るほど痛いマッサージをしてくれます。母乳について理解不足のために、病院のスタッフのせっかくのやさしい思いやりが、産婦にとって苦痛になるのは惜しいと思います。京都のあゆみ助産院や群馬県前橋赤十字病院の給食は理想的な食事です（竹内政夫著『働くお母さんでも母乳育児ができる』主婦の友社、参照）。東京の宗助産院、豊島産婦人科、長野県の川手助産院、青森のハローベビー、宮崎の児玉助産院はみないい食事です。

離乳食と卒乳

離乳を進める目安について

赤ちゃんを食卓に連れてきて、みんなでたのしく食事をしていますか。

赤ちゃんがお母さんの口元をじっと見つめて、ちょっと唇を舌なめずりしたりしているしぐさをはじめて見たのはいつでしたか。そのとき、お母さんは赤ちゃんのはじめてのしぐさに「ハッ」とするくらいの衝撃を受けたでしょうか。それは、地中の種が殻を破って土の上にもっこり芽出しをした、あのエネルギーと同じだと思いませんか。

「ほら、お母さんはこんなもの食べてるのよ、ごはんですよ」と、あなたがかみ砕いたごはんを箸《はし》の先につまんで、赤ちゃんの口のなかへ入れてあげた人もいることでしょう。このやりとりが、将来、人としての食卓の態度を決めるスタートだと思いませんか。動物なら、えさの食べ方を、獲り方を、親のしぐさのとおりに学んでいき、そして独立して親から去るのです。人の子も、食卓こそ、人が人らしく育つ基本的な場ではないかと思います。

さて、母乳で育てているとおよそ一〇〇日目が「親の口元をじっと見つめるはじめての日」にあたります。わたしたちの先祖は「お食《く》い初《ぞ》め」といって祝膳をしつらえてこの成長を祝いよろこび、その日からかみ砕いたものを箸移しで与えて育てました。今の子たちも、親とともに、親の口元から箸移しでもらって食べることを好みます。

旧厚生省による「離乳食の進め方の目安」という表がありますが、講習も受け、一生懸命試食して味もよく作るのに、ちっとも進まない、食べない、と思う人は、一度自分のかみ砕きごはんだけを与えてみてください。きっと、表情が変わり安心してよく食べます。母乳の質がよい日は、驚くほど少しの量で満足します。離乳食をたくさん食べるときは、母乳の質をよくする手技療法を受けてから判断してください。

旧厚生省は一九九五年、離乳指導の基礎資料である「離乳の基本」を一五年ぶりに見直して改定しました。その前文において、とくに次の点を考慮するようにと呼びかけています。

①乳児の食欲、②摂食行動、③成長・発達パターン、④地域の食文化、⑤各家庭の食習慣、を

考慮した上で、①無理のない具体的な離乳の進め方、②個々に合わせた内容と量を作る、ことが望まれると述べています。

また、子どもには個性があるので、①基準に合わせた画一的な離乳とならないよう留意しなければならない、②乳児がいやがるときは強制せず、③たのしく、④おいしく食事ができる、⑤環境と雰囲気作りはきわめて重要である、といっています。

今までは保健所の離乳食講習会に行くたびに、わが子に適さないと悩んでいた方も、この前文を読みほっとしたことでしょう。あなたがしっかりとわが子に母乳育児をしていれば、一〇〇日目のお食い初め当日から、親の食事のつど米飯をかみ砕いて与えるのは正しいのです。母乳を好み一歳半すぎて飲む子に、まさか牛乳や粉ミルクを与えることをしたいと思う人はいないでしょう。また、食品の種類や献立も自宅の食習慣に従うべきでしょう。

塩むすびをよろこぶ子

母乳相談所を訪れるお母さんには、いつも「塩むすびを持っていらっしゃい」といっています。

「子どもが一、二歳になるまでは、かならずおむすびを持参しましょう」というのがわたしたちの考えです。

赤ちゃんは、四カ月すぎごろになると、先に述べたように「一〇〇日目ごろのお食《く》い初《ぞ》め」をします。そのころから、親が食事をしているときしっかりと口元を見つめます。親が食べるとき、昨日まで見なかった子が突然口元を見つめる時間を大事に考えた先人は、「お食い初め」として特別な意味をもたせて子を育てました。

しかし、現代社会では「お食い初めをした」という人はまれになってしまいました。

食卓にいすを持ち込み、高い位置で人びとが食事をする風習になって以来、子育てにも少なからず影響を与えています。子ども用の食卓は大人の食卓と同じ高さになるように調整されてはいますが、つい高いところに置くよりは下へ置く方が無難ということもあり、別々の高さで食事をします。

その結果、口元をじっと見つめられても「あっ！　はじめて口元を見てくれた！」という感慨は失われて「ああ、見てるな」と思うだけで、「お母さんはこんなものを食べてるのよ」と口移しにものを与えるなどということをしません。

そこで、母乳相談をしながら、「おっぱいもたっぷり頻繁に与えてください。そして、お母さんが食べるたびにごはんも与えてください」と頼みます。

お母さんが食べるとき、ともに同じ高さで食卓を囲むくせをつけると、子どもはごはんが好きだということがわかります。

それもただ単にごはんを粥《かゆ》にしたり、つぶしたりしたものより、ちょっとかみ砕いたものの方が好きです。それは少し空気を含んでいるせいもあるでしょう。かみ砕いて与えることに抵抗感がある人は、つぶしたごはんや白米の全粥にうす塩を入れて炊いて与えます。離乳食のはじまりは、このように母乳以外の少量の塩分を含んだおむすびを赤ちゃんは好みます。

次第にあれこれと塩加減を変えてみると、白米の粥より玄米粥を好むことがわかります。なかには、ごはんをまったく口にしないで吐き出す子もいます。

ごはんを口にしない子どもには

玄米粥は白米より味のうまみが濃いので子どもに好かれるのですが、玄米を炊くときの塩加減が大切だとわかります。お母さんを診療中には、待ち合い室でいつも子どもにおむすびを食べさせて待たせます。

四カ月から一歳までの乳児には、できるだけかみ砕いたおむすびを与えてもらいます。

どうしてもかみ砕いたごはんを食べず、泣きぐずる子には「不老仙」（からだによいとされる一

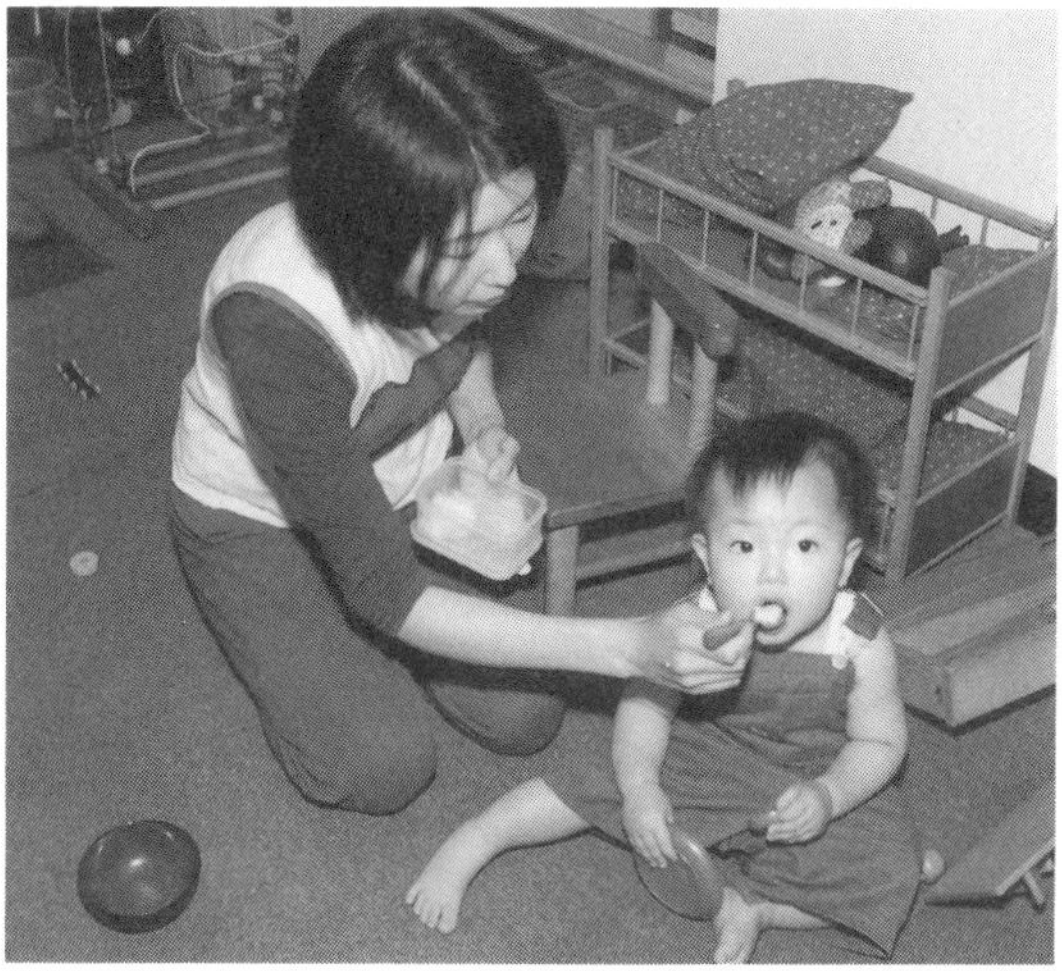

○種類ほどの穀物、薬草などを原料として焙煎、製粉したもの）を練って与えます。不老仙は多種類の穀粉が主の食品です。どろどろに練ったものをスプーンで与えると、粥は好まないが不老仙ならよく食べるというので、お母さんを安心させます。不老仙は穀物のうまみと塩気がよく引き出されているので赤ちゃんたちに好まれるのです。

働きに出るとき、母乳の子はほ乳ビンをくわえないし、ミルクも「ＭＡ１《エムエイワン》ミルク」（少量の牛乳たんぱく質を非アレルギー用に変換したミルク）ならスプーンで飲む子がいますが、ＭＡ１も飲まないので母親不在中に乳児に与えるものがなくて困っていたという

人も、不老仙を与えたらよろこんで食べたので安心して預けられたと話していました。

この人のお子さんも、少しの塩気と穀物の味に敏感で、その後生後九カ月ごろまで不老仙だけを離乳食として与えて育てました。そのうちに不老仙をいやがり、おむすびが好きになっていきます。

おむすびで育てるおだやかな子

手にものが持てるようになると、固くむすんだ塩むすびをかみ砕いて与えるとよろこびます。ところが、「固くむすんだおむすび」を知らない人もいます。

ラップで包んでにぎる方が清潔だといって、手塩にまみれたおにぎりを作らなくなった結果、ごはんを食べない、おむすびも好まない、といっています。

二歳半すぎから三歳までの子は皆、固くむすんだおむすびを欲しがっているのです。

手のひらを少しぬらして塩を塗って手を合わせ、よくまぶしてからごはんを手に取ってにぎります。ごはんのなかの空気を全部抜いてしまうような気持ちでにぎります。

左手に乗せたごはんを半分手のひらで包み込みながら、右手を乗せてぎゅっと締めつけていくと、三角の固いおむすびができます。好みで俵型にもできます。

一歳半ぐらいまでの子は、こうしてむすんだおにぎりをお母さんがかみ砕いてくれるのをよろこび、行儀よく待っていられる子に育ちます。ちょうどいい感じににぎり締めたおいしいおむすびを、早朝からしばしば与えて育てているとたくわんを欲しがります。無添加のおいしいたくわんを子どもたちは判別しています。

おいしい塩とたくわんがあると「ちょっと待っていてね」といえば、おとなしく待てるおだやかで育てやすい子になります。

離乳食を食べない子から教えられること

電話相談で、「離乳食を食べないので困る」というお母さんには、「食べなければ与えなくてよい」と答えています。「母乳を頻繁に飲み、親の食事のたびにそばに来て、かみ砕いたごはんだけをちょこちょこ食べてはいるのだが、栄養相談で見たあの食事を食べさせたい、せっかく作ったのに食べてくれない」という親は多いのです。専門家でさえ、母乳以外のものになじませるためとか、月齢に応じて栄養がないから母乳の代わりになる栄養物を与えねばならないなどとまじめに指導しています。しかし、一日に何回も授乳していさえすれば、母乳以外のものになじませる必要はありません。また栄養成分も不良にはなりません。安心して子どもを育ててください。

八カ月すぎたころに突然移行乳へ切り替えようとしても、母乳になじんだ子たちは、かたくなにそのミルクを受けつけません。ポタージュやシチューに仕立てて与えても吐き出す子を見て、今度は「母乳以外の味に慣れさせなければならない、ポテトでもかぼちゃでも慣れさせねば食べなくなる」といわれてしまいます。それはまちがいだと思います。

赤ちゃんは、お母さんが牛乳を飲んだ日と牛乳を飲んでいない日とで、翌日の母乳を飲む態度が違います。これは、牛乳のにおいや成分が母乳に出てきているのを感知されている証拠です。アイスクリームとか、いちごパフェやカレーなどでも、前日に食べた日と、そうでない日とでは翌日の飲みっぷりに違いが出ます。いつもと違うおやつや刺激物を含んだ食べものが、赤ちゃんには嗅ぎ分けられているからです。また母乳の味の変化もわかるのです。

離乳食をせっかく作っても食べないのは、母乳以外の栄養物はまだいらないことが赤ちゃんにはわかっていて拒んでいるのです。だから、お母さんが抗生物質を飲んだり酒を飲んだりした翌日には、母乳をいやがってごはんの方を好むことがわかります。母乳の治療手技をして、くすりをやめるとふたたび母乳を好み、ごはんをちょっとしか食べません。

離乳食を好んで食べる子がいたら、母乳の味をよくするために乳房治療手技を受けるとよいでしょう。

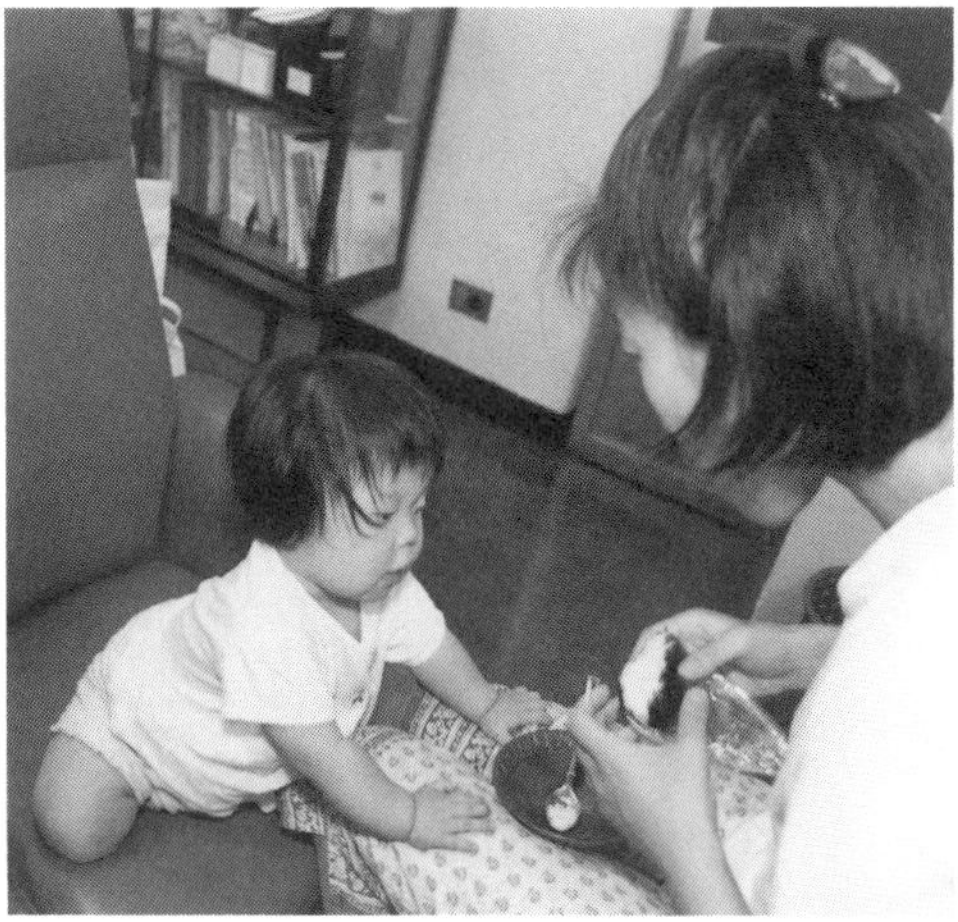

ところで七田眞先生は、赤ちゃんの集中力をつけ、おだやかでコミュニケーションのよい子に育てることで、知能の目減りを防ぎ、あそび上手、学び上手の子になると指導され、母乳に不足する鉄分を食べものとして補充する必要性を説いています。わたしも先生に教えられて、滋養鉄をおすすめしています。色白で貧血っぽい赤ちゃんはこれをパクパクと食べ、もっともっとと欲しがるのです。しばらくして貧血が改善すると、いくら与えても絶対に口にしません。赤ちゃんは養分が不足すれば食べたがり、充足していると拒む力をもっていることが、鉄でわかります。

いつまで飲ませるの

母乳育児はいつまで続けられるのでしょうか。母乳は出続けるのでしょうか。不安な人がいるかもしれません。助産師が読む『ペリネイタルケア』誌（メディカ出版）の記事によると、ある外国の八三歳の人が次から次へと子どもを替えて母乳育児を継続していて、いまも現役で母乳が出ているということです。

国際的な母乳育児支援団体の「ラ・レチェ・リーグ」の考え方では、一〇歳までのうちどこかで、子どものようすによって、となっています。わたしの経験では七歳の子もいて、次々に下の子が産まれるとその子と一緒に飲みついています。平均的には二、三歳でやめています。やめるときも泣かせたりしません。合意しあってやめます。「どうぞ飲んでいいよ」といっても「もういらない」といって止められます。

卒乳にあたっては、乳房にマンガや猫の絵を描きます。子どもは納得してさよならできます。母乳をやめたからといっても、牛乳を与えるのは不自然です。牛の乳児が飲むものをわが子に与えれば、わが子は人間の乳を卒業したことになりません。人の乳がいらない時期だから、ましてや牛の乳はいらないのです。牛の乳を飲ませたいと思うあいだは、自分の乳を与え続ける方が自然です。自然というのはアレルギー反応を起こしにくいということであり、丈夫な体質である保証をしています。お乳をやめても親と同じものを主食とおかず少しでよいのです。

三歳前後まで飲んだ場合は、お乳を止めたあとお母さんの乳房は張らないものです。しぼっていた人や早くからやめた人の場合、止めたあとつらいくらい張ることもあります。張るときは、漢方の利尿剤の五苓散《ごれいさん》を飲んだららくになった人もいます。湿布などの手当てもしてください。そして、かならず上手な手技療術ができる助産師の治療も受けてください。らくになります。飲まなくなると三日くらいで、もう母乳が止まる方向でだんだんしおれていきます。二カ月くらいで完全に止まります。そのころ、

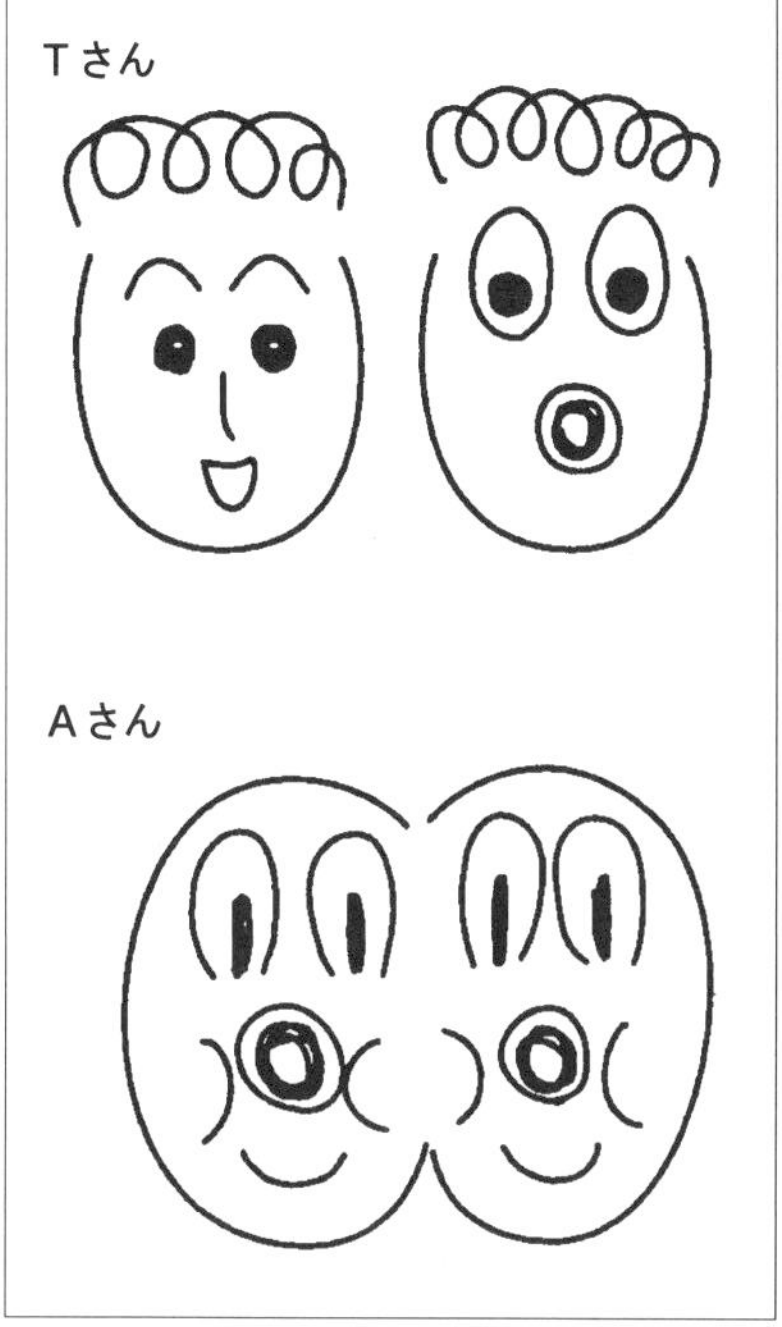

メンスが再開して次の妊娠が可能になります。

母乳育児を卒業するとき

母乳をやめるとき、おっぱいに唐辛子を塗るのは、いじわるお母さんの子どもいじめです。子どもは自分なりに卒業するプログラムをもっています。そのことに気づき、子どもとともにあそび（学習）を通じてやめるのが教育的な配慮ができるすてきなお母さんです。

心理学がご専門のある先生は、子どもがあそびのひとつとして母乳を卒業する行動に大変関心をもたれました。子どもたちにとって、母乳はその日まで絶対になくてはならない母のぬくもりであり、全エネルギーの源泉です。

それにもかかわらず、母乳をやめてもらうには「大きくなったし、お母さんは次の子どもを産みたいの。それには母乳にさよならをしてほしいんだけど」と、まるで大人に語りかけるように話します。すると、ある子はわかって「いいよ」と同意します。別の子は「イヤ」というのです。

イヤというときは、母乳をおいしく出せるようにわたしたちの手技治療を受けます。そして頻繁に授乳させると十分満足します。そのあとでおっぱい全体にかわいらしい顔の絵を描きます。いかにもやさしげな、いとおしい絵を描きます。子どもにも一緒に描かせると子どもは拍手をしてよろこびます。すると、子どもは母の着衣でそっとおっぱいを包み込みます。「母乳育児」というお芝居の幕をおろすのです。お母さんに「ありがとう」とピョコタンとお礼のお辞儀をするのです。あるいは手を振って「バイバイ」をします。「もっと飲んでいいのよ」というと、「いいえ、けっこうです」というそぶりで再び飲みつくことがありません。

もし、そっと飲みつきそうになったら「バイバイしてえらかったわ」とほめると、ちょっと乳頭にキスをして、ニコニコとよろこびます。

こんなにドラマチックな成長の成果に十分満足しながらやめるのが、卒乳の「あそび」です。子どもたちの知的水準の高さに感激して落涙してしまいます。子どもが示すこうした一連のしぐさに大学の先生は大変感動して、乳幼児心理学の研究テーマにしてくださいました。

自然育児相談室② 母乳育児

Q 母乳があまり出なくて困っています。どうしたらうまく出るのか、コツを教えてください。

A 授乳回数を多く（一時間に二回ぐらい）、所要時間は短くして赤ちゃんに吸わせるようにします。根本的には、質のよい母乳になるように乳房治療手技を受けたり食生活を正すことが必要です。とくに砂糖や油、牛乳などはやめ、穀物と野菜中心で腹八分目の食事にし、よくかむことです。母乳を出そうと、おもち、くだもの、水分などを摂ることは控えてください。ほとんどの場合は、お母さんの食生活が正しければ乳汁の質がよくなり、おいしい母乳が出るので、赤ちゃんはよく吸い、それにうながされて乳汁が出るようになっていきます。

また、赤ちゃんの舌のようすを正しく見てもらうため、上手な乳房マッサージをしている相談所へ行ってください。左右交互に与え、射乳してくるようでしたら、飲みっぷりのようすを見ていてよいでしょう。

Q 生後二カ月の男の子です。便がいつも緑色で、たまには黄色い便が出ることもあります。緑色の便は多少ブツブツのあるやわらかい便ですが、異常なのでしょうか？

A 病気の便ではないので、異常ではありません。ただし病的ではないけれど、緑便のときは乳児がしばしば激しく泣きます。おなかが冷たいのです。

ゆでた熱いこんにゃくをバスタオルに包み、おなかとおしりを温めてようすを見ると、赤ちゃんはほっとしたようなおだやかな表情に変化します。緑便のときは、あたたかい母乳を日中は頻繁に与えます。お母さんも野菜を少し減らしてみてください。

Q 生後三カ月の女の子で、母乳だけで育てています。今までは三、四日に一度、大量の便を出していましたが、最近は六日くらい便の出ないことがあります。母乳不足が原因だと姑にいわれました。粉ミルクを足した方がいいですか？

A 粉ミルクはいりません。母乳を頻繁に飲ませてください。一、二日間はおかず控えめで麦茶をやめ、腹部を温めてください。赤ちゃんのおなかも温めてください。

ご質問の症状は、一般的には大量の母乳をガブ飲みする子の特徴です。一回のほ乳量が少ない子は、毎日棒状の便が二、三回も出て、赤ちゃんのおなかはいつもやわらかく弾力的です。

産後三カ月までは泌乳ホルモンも多く、ことに経産婦ではやや分泌過多になります。子も多飲しがちです。

その結果、粘った下痢状の便が大量に出ます。三カ月すぎからはホルモン量が減り、徐々に少飲になります。子がアムアムして待ち、突然反射的に、できたての母乳が射乳されます。

今までは多飲ぎみだった母乳がこのころから少飲に変わるので、そのあいだ、なじむまで便の出方が変化する子もいるのです。ここで短期間のうちに多飲から少飲へと移行させ、よいウンチを出すコツは、一、二日間、葉菜類や魚肉を控え、主食の穀物を中心に、小豆の料理を食べることです。それでも毎日出ないときは、授乳間隔を短くして頻繁に授乳します。授乳時間は射乳反射に合わせて、およそ五〜七分ぐらいのうちに切り上げます。これを二、三日続けるとよいでしょう。その後、直径一・五センチ以上の太さで棒状の便が驚くほど多量に出ます。

またゴボウを一〇センチぐらい大根おろし器ですりおろして、だしの代わりになべに入れ、ジャガイモやとうふ、ワカメなどを入れたみそ汁をつくって召し上がってください。動物性の食べものが多かったために便秘していたようなときは、お母さんもすっきりするほど排便します。その母乳を飲んだ子にも効果てきめんです。一度ためしてください。味も好まれると思います。

それでも「悪いウンチ」で「母乳不足が考えられる」「ミルクを足したい」と不安になることがあるでしょう。そういう場合、ヌカが主成分の不老仙を、子どもの好みのやわらかさによく練って、スプーンで子どもが食べたい量だけ食べさせます。その結果「よいウンチ」が出ます。

Q 七カ月の男児を母乳だけで育てています。泣いておっぱいを欲しがるときに授乳していましたが、検診時に一歳から一歳半の体格だといわれました。ホルモン異常でもなく、知的発達に問題はないということです。乳幼児の肥満は成長に問題ないと聞いたことがありますが、やはり母乳や離乳食を控えるようにした方がよいでしょうか？

A 控えることはしないでください。母乳の分泌過剰なのではありませんか。のどが渇き、お母さんがやせていくのでわかります。子どもが舌癒着症であることも考えられますが、治療すべきか否かは拝見しないとわかりません。上手な助産師ならば、乳房治療手技で分泌を抑制できます。また甘麦大棗湯《かんばくたいそうとう》を飲んだり、テルミー療法でも分泌は減らせます。芋パスタを夜、入眠時にあてるとらくです。子どもには塩むすびのかみ砕いたものを食べるだけ与え、そのあとに授乳します。歩きはじめると急にほっそりと引き締まった子が育ちます。

ただし貧血が予想されますので、滋養鉄を与えてようすを見てください。お母さんもしっかり食べて太ってください。子どもの食事は一日に六、七回（朝食時、午前一〇時、昼食時、午後三時、夕食時、そのほか二回ぐらい）与えてみてください。一さじでもいいのです。そのあと母乳もよく飲みます。一時間に二回飲ませてもよいのです。肥満の心配はなくなることと思います。

Q 身長が一歳二カ月で七一センチなのですけど、そのままにしておいてもよろしいのでしょうか。低身長で心配です。

A 身長は個人差が大きいです。手の指や腕、脚の長さを計りますが、欧米のベジタリアンで二メートルになった人もいます。動物性たんぱく質を食べなかったのに二メートルになってしまったんです。一方で、動物性たんぱく質もカルシウムのための牛乳もいっぱい摂ったけれど一七〇センチにならない人もいます。一歳二カ月で七一センチというのは小ぶりな方ですが、そんなに異常なほど小さくはないですね。ちょっと小さいけれど個人差のあることなので、普通に育てていってよいと思います。ただ、脳下垂体のちょっとした異常から身長が伸びないということもあるので、半年に一度は測定していくということが大切です。ほとんどの人は中学生になって伸びるので問題はないと思いますが、四肢の長さを見て異常ならば、骨などの受診と検査が必要になります。

Q 一歳九カ月でまだ母乳を飲んでいますが、わたしとしてはおにぎり、ごはんを食べてほしいのです。子どもは魚などのおかずを好み、おにぎりは見せると拒否反応を示すので困っています。塩分は、煮ものにしょうゆや塩を使うていどです。おせんべいが好きなので、それなりに塩があると思います。たくわんはあげていません。

A 無理におにぎりを与えないで、魚を与えてください。一歳九カ月で母乳を飲んでいるのはふつうで、問題ありません。おかずを欲しがるというのには塩気をちゃんと与えているかということがあります。たくわんを与えていないのが原因だと思います。たくわんは乳酸菌があるので、消化がいいのです。消化がいいとのどが渇かないのです。それにたくわんは塩分を含んでいて、塩を必要な量だけ摂ると、子どもはそれ以上おかずを欲しがらないのです。子どもに塩をやりたくないお母さんがいますが、子どもはどうしても少しの塩分が必要なので、塩分がもらえなければ、おせんべいや魚とか肉を欲しがります。

朝六時にたくわんを食べさせたり、朝八時に自分が食べるときにたくわんを食べさせるか、あるいはたくわんがいやなら、お皿に一点、焼き塩を盛っておけば必要なときに塩をなめて、あとは困らないんですね。ただし、おかずを欲しがるときは少しずつ与えてください。

母乳のおいしいときはごはんを食べないものです。でもおっぱいを飲んでいる子どもでも、かならず塩分は求めますので、たくわん、するめ、根昆布、アメリカ人だったら子ども用のビーフジャーキーなどを与えてようすを見ます。もし風邪のひきはじめとか体調がととのわない状態でしたら、梅醤番茶といって、梅干しをつぶしておしょうゆとショウガを少したらし、番茶でいただくのがいいです。塩をまったく与えないときはおせんべいを食べます。せんべいを食べるとのどが渇きます。せんべいはもち米でできているので腹一杯になり、おむすびを食べなくなります。母乳を飲んでいるのだったら、朝六時におっぱいとごはんとたくわん、八時にも母乳とごはんとたくわん、お昼にも、そして三時、夕食というように、母乳とごはんとたくわんをくり返し与えていって、それでもおかずを欲しがればあげていいと思います。母乳をやめれば何でも食べるのでそれでいいと思います。

Q　一歳六カ月検診のとき、虫歯はなかったのですが、虫歯予防のためにフッ素を塗るようにすすめられて困っています。

A フッ素は歯科の先生とよく相談してください。虫歯はお母さんの胎内にいるときにお母さんの食べたものでエナメル質が厚い、薄いということがあるんです。くだものと牛乳を摂っていても、からだに合わない人は非常にエナメル質が薄いです。

北海道で開かれた「アレルギー研究会」という講演会で、牛乳を飲むとかえって骨粗しょう症になるという話がありました。甘いものと牛乳を飲むとカルシウムが失われてしまう。甘いものと牛乳をやめることがカルシウムを失わないというお話でした。更年期の骨粗しょう症も甘いものと牛乳をやめることで予防されるということです。甘いものと牛乳をたまたま妊娠中に摂っていたら、子どものエナメル質が薄くなって虫歯になってしまうようです。わたしたちのデータでは妊娠中に糖尿が出ていた人や、たんぱくが出ていた人はちょっと歯が弱いです。妊娠中につわりがひどくて牛乳が飲めなかった人、あるいはあまり酸っぱいものも欲しくなく、くだものを食べなかった人の方がエナメル質が厚いということがあります。

虫歯はなったらなったで治せばいいという考え方があります。フッ素の毒性については、まだはっきりしたことが明らかになっていなくて、国によっては禁止しているところもあります。毒性が強いといっても、すぐ体内にたまるというわけでもないので、使って安心するなら使ってもよいですね。歯科の先生でも意見が二手に分かれているのでどちらともいえないところだと思います。ケースバイケースで考えるとよいでしょう。

Q 母乳で育てたら子どもは乳が足りているから牛乳はいらないということですが、うちの子の場合、最初は母乳だったのですが、上の子は一〇カ月、下の子は五カ月のとき、母乳が出なくなってミルクと混合になったんです。今、上の子は三歳で下の子は一歳半です。どこまで母乳をやっていれば母乳で育てたと思っていいのでしょうか。

A あなたががんばって与えただけでも、それはそれで立派な母乳育児です。自分をほめてください。五カ月で母乳が出なくなったということは、飲ませる回数が少なかっただけなんです。家庭の主婦だと一日に六～八回ていどしか飲ませないんですが、働いているお母さんは忙しいので一時間に二、三回、朝には五、六回飲ませています。それで夜中二回飲ませていたらおっぱいは止まらないものです。わたしは育児休暇をとらないで働きに行くことをおすすめしています。あなたの場合、そこでちょっとアドバイスしてくれる人がいたら、おっぱいは止まらなかったですよね。せっかく家庭にいるのだから、短時間のうちに頻繁にあげるとよかったのです。面倒だったら一回に両方のおっぱいで一～五分でもあげればいい。お母さんのリズムに合わせてしゃぶらせていればいい。一回に一〇分も二〇分も抱いている必要はないのです。

何歳まで母乳を飲ませたらよいのかと問う必要はありません。たとえ一カ月であろうと、三～五カ月でやめてしまっていようと、子どもが大きくなって「ぼくは母乳で育ったの?」と聞かれたら、「そうだよ」といってあげればいいのです。

母乳で育てるということは、小食で何回も食べることの基本を覚えるということです。あなたが母乳を飲ませているとき、三〇～五〇ミリリットル飲ませればよかったのですが、七〇ミリリットルも一〇〇ミリリットルも飲ませなければいけないと思ってしまったからうまくいかなかっただけです。母乳をどのくらい飲ませたかということはあまり問わないで、母乳を飲ませた期間があっただけでよいと思います。

Q 一歳九カ月の子と四カ月の子がいます。牛乳とくだものはあまり摂らない方がいいということですが、おやつに牛乳やくだもの、マドレーヌなどを与えています。たくわん以外に望ましいお菓子があったら教えていただきたいのですが。

A すべて命をいただくわけですから、望ましいといえばすべて望ましいと信じて食べていいと思います。アレルギー反応を起こしたり、下痢をしたり、便秘をしたり、寝ぞうが悪くなったり、あなたから見て何らかの反応があったときは、最初にくだものや牛乳を控えるべきだということです。望ましいおやつといえば、穀物主体で砂糖を控えたものと思えばいいと思います。

でも、人間は計算だけで生きているわけではないので、砂糖を食べたいときは食べて今日はおしまいというこ とでもいい、それも人生のたのしみだと思って気楽に考えましょう。

Q 一〇カ月で職場復帰をするのですが、母乳を子どもに飲ませられないのでトイレで搾るようになるかと思っているのですが。

A 搾らないように圧抜きだけしてください。圧抜きは、人さし指と親指を乳輪部のところにそっと置いて、からだの中心に向かって軽く押します。そこで指と指を打ち合わせると、じわっと乳がにじんできます。それで完了です。搾ると手はくたびれる、流しは汚れる、消耗する、おしっこは減る、だるい、髪の毛は禿げてしまう……。すごく悪循環になってしまうでしょう。職場では搾らないことをおすすめします。家に帰って飲ませるだけでよいのです。そして休日で家にいるときは頻繁に飲ませてください。

Q 頭に手をやってはかきむしり、ほっぺたやひざのうしろも荒れていてかゆいようです。耳切れがあり、首も赤くなりかゆがります。股も赤くなります。食べものアレルギーは食べたあとどのくらいで反応するものなのでしょうか。

A 食べたらすぐに反応が出ます。納豆、豆、もやしいんげんなどを控えてようすを見ていただければよいでしょう。冬にかけて反応が出る人が多いです。春先になるという人もいますが少ないです。

かゆいときの手当ては、ナチュラルバーユ、ブレンドアロマオイルでスキンケアのマッサージをしてからブレンドオイルを塗ります。かゆみはまもなくなくなります。それでもぐずるなら、お化粧落としのコットンをいったん水につけてキュッとしぼった冷たいものをひざのところにあててあげると治まってきます。コットンはまとめてぬらして一枚ずつはがして冷蔵庫に入れておくといいです。

食べたものがどれくらいで母乳に出てくるのかは実験してみるとよくわかります。あごに湿疹が出る子どもがいますが、お母さんがいわしやめざしを食べると出るということでした。そのお母さんが目の前で実験してくれたのですが、お母さんがお乳を飲ませるまねをしながらめざしをくわえると、それだけで子どものあごがぱっと赤くなるのです。お母さんが食べてそれが胃に入って血液になって、おっぱいになって反応が出るとわたしは思っていたのですが、そうではない人もいることがわかりました。それは説明がつかないのですが事実です。母親のちょっとしたことが影響するのですね。たとえばアルコールみたいにすぐ血液に入ってしまって、そのおっぱいを飲んで赤くなる子もいます。でも、そんなに神経質になることはありませんので少々のことには驚かないでください。

Q 食物アレルギーがひどくて卵を食べただけで発作が起きてしまいます。この子は穀物にもひどくアレルギー症状が出ているので、今後どのようにしていったらいいのかと思い悩んでいます。

A 卵はどうしても発作が起きやすいものです。それでも茶わん蒸していどなら食べられるようになります。穀物についても、ササニシキとかハナノマイとか種類によって出るので、種類を変えればよいというコメアレルギーの研究をしている先生の研究報告もあります。また、くだもの、とくにバナナはアレルギーを強く出しますので、くだものをしばらくやめておいて、ごはんをしっかり与えると、実はコメアレルギーではなかったということがあります。くだものは食べていますか。ジュースもあげていませんか。からだを温め、おいしい母乳を与えてみたら何でもなかったという例も多いのです。ジュースをやめて梅肉エキスか梅醤番茶を与えてください。卵は、茶わん蒸しぐらいは食べようとか、お料理に入れて使っている場合はいいと思います。それに、もしどうしても牛乳を飲みたい場合には沸かしてよくかむようにして飲めばいいと思います。

牛乳は飲まなくてもすむものではありません。どうしても嗜好品として必要だったら、少なめにしておくとか、沸かして飲むとか、かむようにして飲むとかすればよいのです。栄養だと思ってたくさん飲んでしまわなければ大したことはないと思いますね。というのは、あなたやお子さんのお顔を見ると、そんなにアトピーがひどい方ではないからです。ひどい人の場合は、本当に食べさせてはいけないことがありますが、お見かけして、そんなにものすごく制限しなくてはならない人だとは思いませんでした。

アレルギーという言葉を使っているので、ものすごく大げさに考えている人が多いのです。でも、アレルギーとは一生共存していけばいいことです。ときどきはめをはずしながら、人生をたのしみながら、だけど反応を見ながら共存していけばいいのです。食事はアレルギーとはまったく無関係だとはいい切れない部分が多いことをみなさんは体験しているのだから、たのしく食卓を囲めるように工夫してください。

Q 生後八カ月で湿疹がひどいので、今、皮膚科に通っています。そこでは食べものは関係ないといわれているのですが、自己流で卵と乳製品と小麦、大豆製品を控えています。食べてもあまり変わらないので、どのていど控えればいいのか知りたいです。それと、寝るのが遅くて一〇時すぎにならないと寝ないのですが、そのことも関係しているのでしょうか。

皮膚がガサガサしているのでオリーブオイルを塗っているのですが、オイルマッサージの仕方も教えていただきたいと思います。

A 湿疹は一カ月すぎから八カ月で消える子が多いのです。今のお子さんは足が冷えているのにお母さんが平気でいらっしゃるということがあります。手足が冷えて寒いと風邪をひき、免疫が低下します。冷えて免疫力が低下している場合は、いつもズボン下をはかせて、靴下をはかせなくても足の先までおおいをして、温めてください。

皮膚科では食べものは無関係ということになっていて、小児科では食べものは重要とされています。小児科と皮膚科との見解の違いは納得しておいてあげないといけないですが、食事は大いに関係あると思います。しかし、この子の場合はあまり変わらないとのことですから、おかず控えめに穀物中心のふつうの暮らしをしていればよいと思います。その子に一日に何回食事を与えているか、穀物をしっかり与えているかを見ていると、子どもが教えてくれます。

眠る時間が遅いというなら、あなたが先に寝てしまって、朝早く起こしてしまえばよいのです。早寝早起きで日中六、七回ごはんを与えていれば、あまり昼寝をしません。一回に一五分でも三〇分でも寝たら、外へ連れて歩くとか、おっぱいを飲ませるとかすればいい。夜、子どもが寝ても寝なくても寝る時間がきたら寝てしまえばいいのです。

オイルマッサージは、背中から足まで全身さすってやります。アレルギーの子は下半身が冷たいので、下半身をまず温めてやってください。

Q 八カ月の乳児です。ごく軽いアトピー性皮膚炎ですが、血液検査をしたら貧血とわかりました。たんぱく質を摂るよういわれたので、とうふとジャコを少し食べさせたところ、ひどい湿疹が出てどうしたらよいか困っています。母乳はよく出ており、離乳食はふつうに食べます。また、母乳があまり出ないときや欲しがらない場合、一歳未満の子にはフォローアップミルクなど必要でしょうか?

A フォローアップミルクはいりません。また、子どもが母乳を欲しがらないとか、母乳の分泌が少ないと感じるとき、「母乳があまり出ないときがある」と考えていてはいけません。乳質が低下しているだけです。こういうときこそ頻回授乳をしてください。また、離乳食はひたすらかみ砕いたごはんを食べる量だけ与えますが、その前にかならず授乳をします。授乳時間も左右取り替えながら七分ぐらいまでで止めます。

生後四～六カ月ごろまでの間に母乳分泌が少なく、一回のほ乳量が三〇～五〇ミリリットルぐらいで、昼間は頻繁に飲んでいた子だと母乳も品質がよく、貧血になりません。逆に、手で搾っていて出すぎの人の子が貧血になります。子どもの頭の形を見ると、後頭部が平らで横の方が出ていたり、下半身がやせて上半身が大きい体型をしているのであらかじめ予想ができるのです。貧血の子は、食べる「滋養鉄」が好きです。少しの水で練ってスプーンで与えると「もっと欲しい」と望み、貧血が治ると「もういらない」というのです。アレルゲンとなる食品はやめて、かみかみごはんと母乳だけで十分回復するのです。

Q 九カ月の子どもがいますがアトピーです。母乳で育てています。母乳だけのときは、わたしの食事を変えて玄米正食（菜食）にしたら治ったのですが、離乳食がはじまって、離乳食二回とおやつを与えるようになると、よくなったり悪くなったりでなかなか湿疹が治りません。寝ぞうが悪く、おむつを替えるときも暴れます。

大豆や牛乳がアレルギーの原因だと調べた方がいらっしゃいましたが、わたしはそういうことを調べていませんん。与えながら判断していくのがいいのか、本当に調べてもらうのがいいのかわかりません。

また、母乳をあげているときによくおっぱいをかむので、わたしの食事が悪いのか、離乳食のやり方が悪いのかわかりません。離乳食をあげるとき、腹八分目にする目安がわからないので教えていただきたいのですが……。

A アレルゲンの検査が必要かどうかについては、医師による検査を受ける機会があるときは医師におまかせしてよいでしょう。周囲の食物アレルギーに理解のない人たちへの説得にもなります。お母さんとしては、子どもを見ているだけでよくわかるでしょう。この子の場合は、米や小麦や大豆など幅広く反応を示していると思われるので、一応、血液検査やスキンテストを受けた方が、今後の生活設計を立てやすくなるでしょう。

また、わたしの相談所ではスキンケアをていねいにします。すると皮膚はみちがえるほどさっぱりしてきます。そして、あそびも大切です。お母さんへの心身のケアも効果があります。

母子ともにリラクゼーションした上で食生活を語ります。食べものは、むしろ勇気をもって、今まで食べてはいけないと思い込んでいたような魚肉、卵、牛乳、生野菜、ケーキ、和菓子なども一日一食、五日に一回くらいずつ食べてみるように話します。新鮮なよい材料を最良の調味料で調理するようにすすめます。幅広くスキンケア、入浴剤、料理、清浄、洗浄なども工夫してみてください。なお、母乳を飲んでいるので、赤ちゃんに与える離乳食二回とおやつは思い切ってやめてはいかがでしょうか。本書のなかでお伝えしているように、お母さんが食べている白米ごはんの塩むすびをかみ砕いて一日五、六回与えてみると変化があるかも知れません。

ともかく、乳房治療手技を受けながら、母子ともに全身ケアを受けてください。お母さんのストレス解消が子どものアトピー回復にもつながります。

Q 一一カ月の子どもがいますが、先生のお考えとは反するようなことをしてきたような気がしています。卵のアレルギーがあってアトピーなので、小児科に通っています。わたし自身も食事制限があり、夜中もあまり眠れないので、先日、卒乳しました。卒乳したら食欲が急に出てきて、あまりかまないで飲み込むように食べるようになってきたんです。食事の回数は一日三度、それにおやつというふうにしているんですが、先生のお話を聞いて、おなかをすかせすぎてはいけないような気がしてきました。そのあたりはどうしたらよいのでしょうか。

A わたしの考えに反していても、それはそれで意義ある方法で、いろいろな考えがあってよいと思います。卵だけやめればいいのですから、あまり制限とは考えないで、食べる必要のないものは食べないですむんだという考え方をもたれるとよいでしょう。〝制限〟というととても窮屈ですからね。

卒乳を早くして、たくさん食べるようになったということは、それまでの母乳の質がよかったということです。母乳を飲んでいるときは、ごはんも少しでよかったということですね。本当は母乳をさらに続けてあげればよかったのですが、それはそれで立派な母乳育児でした。

食べさせるときには、朝六時から食べさせてください。八時にまた食べさせて、そして一〇時、お昼も、三時も、夕食は少しだけしか食べないというのはふつうの子どものパターンです。もしお母さんが午前八時すぎてからや九時ごろ食べさせると、たくさん食べる子になります。六時、八時、一〇時の三回はしっかり食べるけれど、あとはあまり食べないので非常に育てやすくなります。前の晩にいくら遅く寝ても朝六時にごはんを食べさせます。母乳を飲ませるつもりで、おむすびを寝床に置いておいてあげるのです。朝、台所に行かなくてはと思うと面倒くさくなりますが、子どもは冷たいものでも食べますから、朝六時に起きたら、おっぱいのつもりでごはんを与えてみてはいかがでしょうか。

Q 一一カ月の息子がかなりひどいアレルギーをもっています。卵と大豆と小麦粉のアレルギーがあります。今、離乳食をはじめているんですが、どういう食べさせ方をしたらいいでしょうか。母乳はわたしのからだがおかしくなって出なくなって、今は完全にミルクなんです。野菜を食べさせると口のまわりが赤くなります。なすとかトマトとか、とくになすを食べていると口のまわりに一時的にじんましんが出ます。どういうものをどんなふうに食べたらいいでしょうか。

A ミルクはアレルギー用のものを使っていますか。エピトレス、ＭＡ１といったミルクを使うとよいでしょう。ＭＡ１には粉乳も少し入っていますが、特殊なミルクです。エピトレスも牛乳の成分を使っています。大豆を使ったものはソーヤミル、ソーヤラックです。

まずＭＡ１に替えるといいと思います。一回は五〇ＣＣほど、朝六時ごろにかならずあげます。そしてかみかみおむすびを与えられたら与えてください。かみ砕いたおむすびのごはんを食べさせて、たくわんをしゃぶらせます。トータルで六〇〇ミリリットルにするには、五〇ミリリットルずつを朝六時から夕方六時まで一二回に分ければいいですよね。六〇〇ミリリットル分を作ってしまって冷蔵庫にいれておき、五〇ミリリットル分ずつ出して、湯せんして飲ませれば面倒がなく、どんな人でもできるでしょう。

あなたがごはんを食べる朝八時に、またごはんとたくわんをあげます。あとは何もいらないのです。また、ご自分のティータイム一〇時にごはんとたくわん、一二時にもごはん、午後のティータイムにもごはん、夕食時もごはんを五〇ミリリットルに加えて与えればかなり湿疹は回復します。夜は一一時、三時にミルクだけを与えてください。このときは六〇〜八〇CCでもよいのです。

おかずは欲しがらないと思います。与えたいものは与えてもよいですが、ようすを見ながら強制せずに与えてください。でも、子どもが欲しがらないものを与えると湿疹が出ます。一一カ月といえば、おっぱいとごはんしか食べないのがふつうです。おっぱいのかわりにミルクを飲ませているのです。でもあなたの精神衛生もありますし、おばあちゃんが来たときなど、おかずをやっていいと思います。それで湿疹が出たら、また、しばらくやめてください。そして折を見て、また一回やってみるという方法があります。とにかくリラックスしてストレスをなくしてください。

第三段階
自然育児のコツ

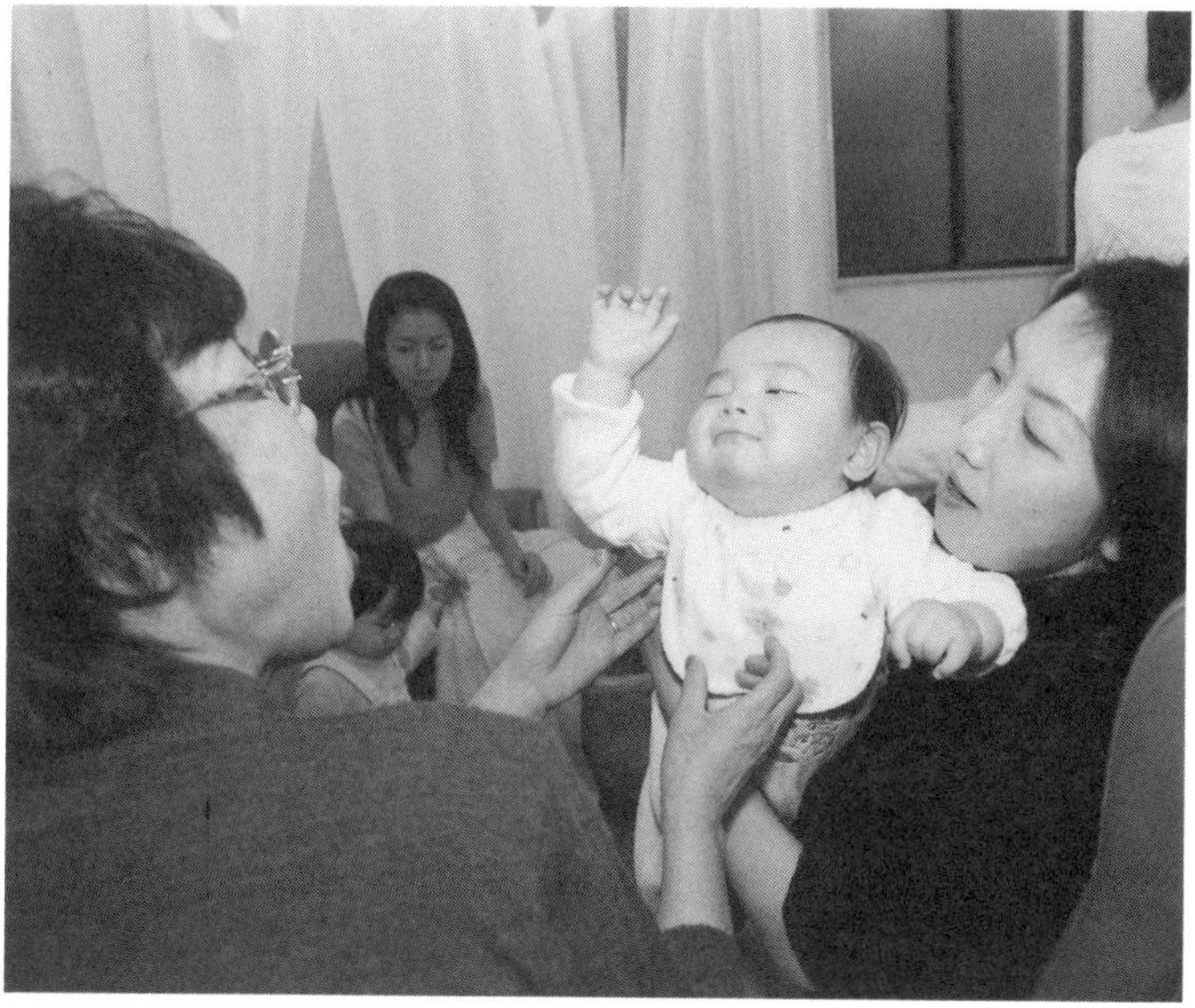

らくな子育てとつらい子育て

育児はつらいもの？

育児はつらいと思うのは、今や母親たちのあいだでは常識であるという新聞記事を見かけました（読売新聞、一九九八年五月五日）。これは、少子化への対応を考える有識者会議（男一〇人、女九人、三〇歳、四〇歳代の子育てをしているメンバー）の意見ということでした。しかし、特別に選ばれた有識者の人びとには、まずは「育児はたのしい」と、現状をリードしていくような発言を期待したいものです。

一年間におよそ一〇〇〇人の育児相談をしながら、日々感じるのは、らくな育児とつらい育児の違いは、母親の選択のしかたによるものである、ということです。

それでは、つらい育児からくな育児かを決める基準は何でしょうか。
①日ごろから大した病気にもならず、くすりや医師に頼ることがない。（丈夫な体質）
②泣くには泣くが、母親のなだめ方次第で、あっさりと気持ちを切り替える。母を信じ、あっさりした性格。（心の丈夫さ）
③あそびが好きで多くの人と仲よく笑顔でつき合える。（コミュニケーションがよい）
④父親や祖父母に対しても人見知りせず、一緒に風呂に入れる。（信頼関係がよい）
⑤母乳をよく飲み、ごはんを食べ、食い散らかすことなく、物静かに食卓に向かう。（胃腸が丈夫）
⑥抱いたとき、そり返ったりせず、母親の胸に自然にふわっと抱かれていて抱きやすい。（緊張していない）
⑦からだ全体のこわばりがなく、寝かせたときに手足をばたつかせず、おだやかに動かしている。
⑧下痢、便秘をせず、皮膚の荒れが少ない。
⑨寝ぞうがよく、寝ぐずりをいわない。
⑩キイキイ声を出し、かん高く泣くことはせず、泣くときは話すことばのかわりに訴えるように泣く。（騒々しいことはしない）

⑪アトピー体質の子の育て方についてはわたしたちの手当て法を受けてください。きっとらくになります。

生後一〜二歳までの子をもちながら「らくな育児」をしているお母さんは、子どもが少々泣いても基本的には気持ちがゆったりしていて、いらいらしていません。

二〜三歳になると、よく動き探検し、しゃべり、自分がしたいことを禁止されるのをいやがります。らくな育児を選んだ場合では、お母さんが困るようなことは少ないのです。子どもとお母さんとの生きているリズムが合っているので、子どもがしたいようにさせています。お母さんの精神衛生状態もよく、おだやかで、怒ったり叱ったり、禁止することがめったにないまま過ごしています。

三〜四歳になると、正座できるので短時間の沈黙や黙想ができます。困らされることがあるなら、この時間に「育てやすい子に変身したわが子」をイメージ化して想念し続けます。

カレンダーにも、今一番つらい育児だと思うこととまったく別のことをイメージし、それをことばにして記入します。これを続けていくと、いつのまにか、らくな育児に状況が変わっていくといいます。

直感・主観を大切にして

ところで、つらい育児を選んだ人は、確かに他人からみても大変そうなようすです。年齢相応には見えないくらい、くたびれた表情をして泣きっ面になっています。わたしはこのつらい育児をしている人を見ると、「ああ、よしよし、つらかったね、でもよくがんばったのね。あなたには、おかあちゃんの抱擁が必要なのよ、でもおばあちゃんになったあなたのお母さんはまだ若いし、合理的に物事を考えるし、『育児ってつらいものなのよ』というだけで、『こうしてごらん、らくな育児ができるよ』とは話してくれなかったかも知れないね……」などと声をかけ、困り果てているお母さんを抱いてあげて、一緒に泣くことがあります。

つらい育児を選んだ人には、「世の中にこんならくな育児があったのか」と気づき、すぐ変更できる人とできない人がいます。できない人というのは、「らくな育児は既成の価値観とは尺度が違いすぎる。自分にはできない」と「自分の立場に固執する」人です。「赤ちゃんの立場から、母親自身の固執《とらわれ》を捨てるような気づきをまだ感じ取ることができない」人です。

また、つらい育児を選ぶきっかけが自分の考えによるものではなく、「助言されたから」とか「教えられた知識がそうだから」と、他人の考え方により規制された方法をできるだけ守るのが正しいのではないかという思い込みもあります。らくな育児を選んだ人は、「常識とか、偉い人がいったことだとしても自分の暮らしには不適切だ、もっと自分がらくだと思えるやり方をしたってよいのでは」という立場から「自己の直感・主観」を気楽に話せるのです。

つらい育児から抜け出すために

とても信じられないかもしれませんが、つらい育児から抜け出す第一歩は「毎日の食卓からはじまる」のです。できれば日常の食べものを最も単純なものだけにしてみます。つまり「一汁一菜一飯」の食卓です。一～二歳児には、かみ砕いた塩むすびのごはんとたくわん、それと母乳だけにします。お母さんの食卓も一日、または二日間でよいから、あるいはできるなら三日間は塩むすびと具だくさんのみそ汁だけにしてみましょう。

三～四歳の子が食べないときには、あっさりと食卓を片づけてしまいます。冷蔵庫にある食べものは、一時的に全部出して空にしておく方がよいでしょう。たった一日から三日のことです。子どもにはジュースや水でさえ、ちびちびと小さい容器に入れて飲みたがる量だけを飲ませ、マグカップは隠しておきます。フルーツやおやつも一、二日でいいからおむすびに変更します。「今日買えなかったの、ごめんね」とあやまりながら、心を決めて、ごはんだけをしっかりと与えます。

おむすびはお母さんが作ってください。それができずにコンビニのごはんを買って食べる人は、手に水と塩をよくつけて固いおむすびに握り直して食べさせます。

食卓についたら大きな声で「いただきます」とお父さんとも声をかけ合います。はじめのうちはグニャグニャしていた子も、三日目ぐらいからちゃんといえるようになります。

「ウンチしたらかならず見せてね」「バナナ状の便が出るといいね」と話します。食卓が変わると、いつのまにかバナナ状の便がニュー、ストンと出るのです。

四日目以降も基本的にはおかず少なめでごはんは多め、たくわんを毎食二枚ぐらいの生活をします。そのうちに何か特別の日があってパーティーなどが開かれます。そのときは以前までの食事のメニューで、たっぷりといただきます。この二、三日間に不足していた養分が摂れて体調はよく、それとともに育てやすい子に変身したか、または逆にあの二、三日間の方が寝ぞうもよく、便も出て、話すことばを目を見つめて聞いていたのに、それがまた元に戻って育てにくくなったと感じるのかで大きな違いがでます。

らくな子育ては丈夫な体質から

せっかく子どもにめぐり合うチャンスをもらったのだから、みんなでらくな育児ができる方法を伝え合いましょう。やってみればすぐわかる「つらい育児からの脱出法」の基本は「毎日の食卓から」ということを、仲のよいお母さん方に話してあげてください。

少子化の要因として、女性の社会進出が進むなかでの男女間格差が問題とされています。わたしは、女性が社会的にもっと参加していくことに賛成です。現状では困難ですが、保育園の給食が日によってごはんとたくわんに変更されたらどんなにかよいことでしょう。働く人みんなが、女も男もらくな育児に心を向け、乳幼児期における「胃腸の丈夫な子を育てる方法はごはんから」を実行しあいましょう。それが丈夫な体質を育てるコツだからです。

丈夫な子は、つらい育児をらくな育児に変更してくれます。

ある保育園では、午前中に子どもたちにおむすびを与えていたところ、子どもたちの自律性が高まり保母の手をあまり必要としなくなりました。その結果、保母の腰痛症が減ったので助かったという話を聞きました。

暴力の芽は乳児から

今日ほど子どもの暴力事件が人びとの不安を駆り立てた時代は、かつてありませんでした。近くに祖父母がいて、いとこたちがいて、親族身内がまわりにいるなかで育てられた時代の子どもは容易に欲しいものも入手できず、強い我を押し通すわけにもいきませんでした。我慢を強いられたくやしさがバネになって、あらたな独創性と個性を磨きあげたのではなかったでしょうか。そこでは、破壊的または破滅的行為は容赦なく父母以外の親族までもが荷担して修正と矯正を迫ったものでした。それでも世間には道を外れた子もいたでしょう。彼らはやがて職業人となるとき、いわゆる兄弟子や先輩たちからしごかれて徐々に人格を丸くしていったのだと思います。かつては「衣食足りて礼節を知る」といわれました。社会生活の変貌が子どもをすさんだ状況にしているのを見ると「食あふれて礼節を欠く」といいかえなければなりません。

そのことを、人生の最も初期、生後まもなくの乳児が教えてくれます。ほ乳行動で、彼らは表現しているのです。しかも彼らの行動は、母親の毎日の食べものに起因していることが明確なのです。わたしは、暴力の芽は乳児期にはじまると見ています。

たとえば、乳児の暴力的ほ乳行動について観察してみましょう。彼らは母乳の品質がよければ集中して、真剣に、また柔和におだやかに飲んでいます。ところが乳汁の品質が悪いと、母の胸ぐらを叩き、乳房をひっかき、そり返って怒ります。だましだまし飲ませようとすると、思いっきりかみつきます。乳頭を指でこねまわして痛いことをして、母親をいじめます。怒りが続いているのに気づかずにいると、夜泣きをします。そして、かくもやわらかな乳児の頭髪が、逆上して怒りをあらわにして総毛立つのを見かけます。

これらの行動は、母乳の品質を改善するようにとのメッセージです。子どものメッセージにまじめに対応し、「ああ、ごめんね。まずいおっぱいで悪かったね。おいしい母乳にしようね」といいながら育てると、徐々に暴力の芽は萎えてしまいます。

ところが残念ながら、多くの親たちはもっといやがることをしてしまいます。「母乳が出ない、足らない、おなかがすいている」という勘違いです。

たくさんの粉ミルクを日中に飲ませたり、夜の就寝時に粉ミルクを与えるなどはその例です。また生後二カ月もすると、果汁を与えたりよけいな水分を与えたりして赤ん坊の苦しみを倍加させてしまい、悪いことに赤ちゃんは母乳から遠ざけられてしまいます。そうなると「よく眠る子」になり、訴えるのをやめてしまいます。その結果、大きくなってから反動が出るのだと思います。赤ちゃんたちはなぜ泣くのか、なぜかみつき、または母を叩いて訴えるのか、確固たる理由があるのです。ただわけもなく親を困らせていることはありません。

育児にくたびれたとき、投げ出したいと感じて腹が立ったときは、まずおなかを温めてください。それからお母さんがすべきことは、「ごはん中心におかず控えめの食事」です。そして油っこいもの、砂糖入りの料理、食後のフルーツをやめてみてください。

乳幼児の正しい食事のあり方とは

もし乳幼児にごはん以外の食べものを与えるとしたら、たくわん、根昆布、するめをしゃぶらせるだけにしてください。おかずはしばらく休止して、子どもたちのしぐさをよく眺めると、気づくことがたくさんあるでしょう。

にんじん、たまねぎ、キャベツ、かぼちゃ、甘いお菓子などを与えた日やその翌日は、母の顔を叩いたり友だちの腕や足にかみついたりします。

このように乳幼児は食べさせられた食品に応じて、感情がハイになり、キイキイ声を上げて大騒ぎをし、大人が話し合っているのをさえぎり、かみつき、ちょっとした打撲でも大げさに痛がり、大きな子は小さな子をいじめます。

お母さんは「……しちゃだめ」「危ないよ」「ほんとにもう」と小言ばかりいって叱りつけます。「しつけ」のつもりでしょうが、これは「食べものの与え方」を工夫しない親の「押しつけ」にすぎません。

乳幼児は、腹六分目、ごはんを多くおかず控えめで育てることが原則だと、くり返し自分にいい聞かせるべきです。

ごはんばかり食べておかずを食べないので、強制して怒ってまで食べさせる人がいます。育児相談の悩みのなかで最も多いのが「おかずを食べない」と「便秘」です。このふたつの原因はただひとつ、「おかずが多い」ためです。

乳幼児たちは、自己調節の力をもっています。塩味を欲しいときはおかずを食べますが、たくわんの薄切り一枚でそれは満たされます。するとおかずを求めません。しばらく成長を待ちながら、小さな皿にほんのわずかずつ取り分けて「どうぞ」というと、その子の必要最大量がわかります。水分も小さなカップに少しずつ入れて与えると、飲みすぎず、適量を親に教えてくれます。母乳を飲んでいるあいだはお茶もいりません。

「ごはん中心」生活がいい子を育てる

新聞の家庭欄に「あなたの育児、間違っていませんか」という記事が載っていたことがあります（東京新聞、一九九八年三月一八日）。「母親のあまやかしが子の荒れる原因に」との見出しで、少し引用すると「『赤ちゃんが泣き出した場合、多くの母親は即座に抱き上げてあやしたり、母乳を与えて機嫌を取ろうとする。そこで子どもには泣いたり、叫んだりすれば思い通りになるという王様のような心理が生まれる』。田中（喜美子）さんによると、生後三カ月くらいで母親をコントロールすることを覚えるのでその時期からはしっかりとしたしつけが必要。こらえ性のない暴力性格、あるいは無気力型の性格。根は乳幼児の教育の失敗にあるとみる」。

赤ちゃんの側に立つ者の一人として、わたしはこの考えには異論があります。乳幼児の自立を遅らせることなく、だだっ子にしない育て方は、頻回の母乳授乳と毎日の「ごはん中心」の生活にあり、暮らしをとおしておなかの丈夫な子にしておくことが重要です。その結果、彼らはまね上手、学び上手、あそび上手になります。工夫してあそび、自分を律する子になっていくのです。親の教育の失敗に原因を帰すのには反論したいと思いました。

おんぶひもか抱っこベルトか

ところで、育児相談をしていていつも思うのは、今どきの母親たちの多くは「抱っこベルト派」だということです。

わたしは、お母さん方に「できるだけ子どもを背負うように」とすすめているのですが、おんぶは授乳中の大きい乳房を圧迫してトラブルのもとになるし、重いものを背負い慣れないから肩が痛い、などという理由で「抱っこの方がいい」といわれます。さらには、「おんぶは、母と子が互いに目と目を見つめ合わすことができないでしょう」というお母さんもいます。

なるほど、とうなずけることもありますが、背負えば両手がすくし、買いものに便利だし、上の子と手をつなげるし、とにかく安全性を一義的に考えるわたしは「おんぶ派」世代なのです。

ところが、おんぶひもを近所のお店で探してももう見つからず、あるのはみな抱っこベルトばかりです。ましてや、綿入れのあたたかい「ねんねこ半天」などは古典的しろものという時代になりました。

抱っこベルトといえば、授乳を卒業したお母さんたちが手作りしたものを、わたしの相談所でも販売しています。一本ずつ工夫をこらした母親たちの手作りによるしっかりしたできあいは、好評を博しています。そこで「背負いひもも作ってみてよ」といったのですが、「今はトレンディな方がいいのよ」と、もっぱら抱っこ派に便宜をはかっているという現状です。相談所のスタッフは、抱っこベルトの使い方を絵解きマンガにして、全国の希望者にひとつひとつお送りしようと張り切っています。

彼女たちは作るつど、どこかしら工夫して改良を重ね、抱っこしやすいベルトを作り上げています。「おんぶ派」のわたしは、綿入れねんねこ半天への郷愁もありますが、自然でらくな育児を求める母親たちの健康的な姿に敬意を表したいと思います。

育児不安について

育児不安がはじまるとき

これは、ある保育園に預けられている子どもと、そのお母さんのお話です。

その子は、ほかの子が手にしているボールをひったくって持っていってしまう、というようなことをしてしまいます。取られまいとする子とのあいだには当然トラブルが起きます。

その子は、ほかの子の肩にかみつくようなこともするのです。腕や、ふともも、指などいたるところにかみつくのです。その子はまだ一歳八カ月の男の子ですが、同じクラスの子たちは、誰も彼のような暴力的行動をしないのです。なぜその子だけが、トラブルメーカーになってしまうのでしょうか。

トラブルメーカーの子の母親は、子どもはあるていど乱暴なことはするものと思っているらしく、彼の行動に対して恐怖を感じたり反発しがちなほかの子はむしろ歯がゆい、とさえ思っているようなところもありました。

ところがそれが自宅に戻ると、今度はその矛先は母親に向かっていきます。父親にさえかみつくのです。また保育園の外に出ると近所の子にもすぐかみつき、お母さんたちから冷たいまなざしを浴びています。

保育園には保母さんがいて仲裁に入ってくれますから、ほかの子のお母さんからじかに「困る子」のレッテルを貼られることはありませんが、家ではそういうわけにはいきません。近所の人たちとの関係はうまくいかず、母親をますます精神的に追い込んでしまい、イラつかせます。

いったいどうしてこの子はむやみにかみつくのかがわからず、お母さんが「かみついてはいけないのよ」と何

回も話して聞かせますがあまり聞いてくれません。それでますます「かみついてはだめっていってるでしょう!」と声を荒げることも増え、母親の表情はけわしくなります。

「もしかしたらどこか育て方が悪かったのかなあ」とまわりの人びとにたずねてみますが、誰も「そんなことないわよ、そのうちに直るわよ」というだけです。

実家の母も「お前たちもかみついたよ。わたしの足に突然パクッとやって、いくらいったってわかりやしないよ。大きくなるのを待つことだ」「何か欲求不満があるのではないの?」「なんだかわからないけど、口のはたらきで〝かみたい〟しぐさだけが満たされていないのよ」などといいます。

こうしたトラブルメーカーの子のしぐさを、わたしは「暴力の芽」と呼んでいます。暴力の芽が出てきたのはお母さんが生活のなかでの直し方を知らなかっただけのことなのです。

ところが、暴力の芽は少し出てくるやいなや急に大きくなり、母親を育児不安へと追い込んでしまいます。ある母親は「はじめての子なのに、見ていると腹の立つことばかりで愛情が持てない」といいます。

腹を立てて怒るため、子どもは泣きます。するとお母さんはますますうるさいと思い、顔も見たくない、とさえ思ってしまいます。面倒をみるのもいやで、憎らしいとばかり思ってしまう。

世話をしたくないときに限っておしっこはするし、ウンチはするし、くさくて汚ないし、おしめを替えようとするとすぐひっくり返り這い出して、あちこちにウンチがつき、押さえ込むと泣き、「もういやっ」といよいよ気分が不快きわまりなく、絶対におだやかにしていられません。あげくの果てには子どもをけり飛ばす、叩く、つねる、押しやる、頭の毛を引っぱるなどしてしまいます。理性をまったく失い、さんざんわが子を邪険にしたあとになって、著しい自己嫌悪に陥ってしまいます。

さて、夫が帰宅すると、「どうしたの、その顔つき。どこか気分が悪いの？　疲れているんだから早く寝なさいよ」と気づかってくれます。しかし、やさしく抱き寄せて「休めよ」といってくれる夫の言葉は、ますます彼女の感情を高ぶらせてしまいます。そうして激しく、ひたすら泣き伏すのが、理想のではなく現実の「このわたし自身」なのです。

このように、愛しいわが子に対し邪険にしたあとで自己嫌悪に陥ってしまう、というのが最も多い育児不安です。

これは子どものしぐさとやることなすことのすべてが乱暴で、母親の抱いているイメージと合致しないことからはじまります。そして子どもが成長するにつれて、子どもと母親との性格不一致は、徐々に増幅していきます。

母親は理性で自分自身を抑制して、なんとか理想的母親に近づこうと苦悩します。しかし、誰に相談すればよいのかわかりません。こうして虐待症候群はエスカレートしていってしまいます。

原因は食生活にある

かみつくなどの子どもの行為による母と子の不響和音のはじめの原因は、妊娠中の母親の精神衛生と食生活にあります。

胎児のとき、子どもは母親の声を毎日聞き取っているものです。そして温かさ冷たさを母の体温から感じ取っています。母が投げやりな気持ちだったり、冷たいものを飲食して冷たいからだをしているときは、赤ちゃんを不安にさせます。そんなときは胎動も激しくなります。

では、生まれてからはどのような注意が必要でしょうか。

たとえば、はじめに母乳を与えます。温かい母乳をたっぷり二~三歳までのあいだ、基本食として与えます。母乳を出すお母さんは、ごはん中心でおかず控えめに暮らします。

二カ月目ごろまでは果汁を与えません。果汁は子どもの気持ちを不安にし、カンの強い子に、不安感の強い子にします。

たとえ粉ミルクで育てざるを得なくなってしまった人も、ミルクの量を一回三〇グラムほどに減らし、日中は頻繁にミルクを与え、果汁は与えません。下半身にはスパッツをはかせます。

一〇〇日目から離乳食をはじめます。基本はあくまでもお母さんがかみ砕いたおむすびです。固くにぎり締めた塩むすびをかみ砕き、朝、昼、夕、午前のティータイム、午後のティータイムと五回与えます。もちろん母乳は頻繁に与えます。ミルクの場合でも一回は少量ずつ三〇〜五〇CCを与えます。このように育てていると、かみついたりする子にはなりません。ところが、離乳食の準備と考えてにんじんジュースなどの野菜ジュースを続けていると、かみつく子になります。また、つぶした野菜をそろそろ与えようなどとは考えないでください。

たとえば、赤ちゃんに直接与えなくても、お母さんが毎日にんじんジュースを飲み、毎日にんじん料理を食べると、赤ちゃんはカンが強くなり、よくかみつきます。

にんじんは、生気を強める作用があるのです。青白く生気を欠き、いきいきしたところがなくなり、たのしそうでない子がいたら、まず母乳と塩むすび、たくわんを与えてみてからにんじんをためしてみるのもよいでしょう。それでも与えない方がよかった、と思うことの方が多いはずです。

よくかみつく子の育てにくさをみていると、まずにんじんだけではなく、あらゆるおかずについてもまた共通した点があることがわかるでしょう。

おかずを与えすぎた晩は、寝ぞうが悪く、よく動きます。熟睡せず、しばしば起きてぐずつきます。尻はただれ、舌は白く、多量のくさいウンチが出ます。棒状のしまつしやすい便ではなく、拭きにくいやわらかい便なので、おしめを替えにくくします。

乳児のとき、これだけ育てにくいサインを送ってくるのに、お母さんはつい、あれこれと離乳食を与えたくなるものです。周囲のみんながそうしているからとか、レトルトの缶や袋づめのものがあって簡単に入手できるとか、たくさん食べさえすれば安心だからと、いろいろ自分なりに判断してしまいます。その判断のなかには、赤ちゃんがいやがるからとか、異様な便臭とか、乳房にかみつく異常行動についての配慮がありません。「まだ少ししか食べない」という不安さえあります。こうなると母親の愛情による食事そのものが「いじめ」になってしまうのです。

いじめのつもりはまったくなく、お母さんはもっと努力して食べさせようとします。しかし、そこにはいたわりや「ごめんね」という謝罪のやさしいことばを聞くことがありません。

あまりにも毎日毎回いやなことが連続し、「いたわり」「ゆるしあい」のことばかけがなく育てられた子どもたちは、突然、感情の表現が乱暴になります。

こうして、たかだかひときれのにんじんからはじまった母と子のトラブルが次第に増悪していくことがわかります。

育てにくいトラブルメーカーの子に悩む人や、子がかわいらしいと思えない人は、今日すぐにでも、おっぱいとおむすびとたくわんを与えて、三日間ようすを見てください。

子どもは本を読むことをよろこび、歌に合わせて踊り、才能や知能の芽が急に動き出します。あそび上手になる子どものサインです。

「あそび上手はごはんから」という大切な子育ての基本は、子どもだけが母親に知らせるサインです。おにぎりとたくわんを用意しておいて、さあ、こうして育児不安から抜け出してみましょう。

困難な迷路（不安神経症）からの脱出

「しっかりとくすりを塗り、まじめにくすりを飲ませ、食べものにも気をつけてきたのに、血液検査の結果はきわめて悪化しているのです。血液検査のＩｇＥ抗体値は一五〇〇でした。このままではぜんそくになるといいます。どうしたらいいでしょうか？」

Yさんが不安そうに話してきました。子どもは一歳九カ月の男児です。母乳はすでに卒業していて、主食と移行乳でおかずは少しだけだそうです。おっとりしたいい子だと思います。足首と上腕のところがカサカサしているほかは、いわゆるアトピーの症状は消えています。

「IgE値一五〇ならば安心してようすを見ていてもいいのではないの？　受け持ちの先生がぜんそくの心配があると話されたので、その先生の言葉に敏感になってしまったのでしょう」

「でも、この子は隠れ型のアレルギー体質なのですよ。だから一見何でもなく見えても、本当はひどいアレルギーだと思います。アレルゲンは花粉とカビ・ホコリ・卵白・玄米・そば・動物の毛などです。砂場には猫や犬の毛が落ちているかもしれないし困っています。とにかくぜんそくを予防したいのです。あちこちの先生に相談してまわっていますが、みんな受け持ちの先生とよく相談しなさいというだけで、わたしはどうしたらいいのかわかりません……」

「受け持ちの先生のお話をよくうかがってください。子どもは元気なのだし、お母さんの努力の結果、とても立派な子どもですよ」とわたしはいいました。するとYさんは突然泣き出して、

「わたしを見放さないでください。IgE値だってまだ悪いのです。この子がぜんそくに！」と落ち込んでいます。

育児熱心なのはいいことですが、このような状況に陥る母親が増えては困ったことです。彼女を寝かせ、アロマテラピーをしながら緊張をほどき、トラウマから抜け出すきっかけを手当て法をしながら探します。母子の食事や体温の変化を見て、衣服の調整や足浴で、心地よく、あっさりと暮らす方向で助言したり、また、アレルギー児にはスキンケアを重視し、ナチュラルバーユでベビーマッサージをくり返し、くだものやジュースや油っこい料理を控えたりして変化を眺めてみていくことを話しました。

「Yさんは新幹線で、わたしは鈍行列車みたいなものでしょう。ゆっくり眺めながら、母乳とかみ砕いたごはんとたくわんだけ与えてようすを見ているうちに、皮膚は約八カ月ぐらいでけっこうきれいになっていくのよ。IgEだって一〇〇以下になっている子もいると聞いていますよ」と励まし、「母乳も一歳二カ月でやめたりせず、子どもの腸を丈夫にしたいと思って、ぜんそく不安神経症を追い払ってから卒業すればいいと考えるべきなの。今からミルクだけでもやめてみますか」とたずねると、返事がありませんでした。

Yさんは、移行乳の代わりになるものが今はないから移行乳はやめられないといいます。MA《エムエイ》1《ワン》などのアレルギー児用の粉ミルクがあるのは承知していますが、主治医が移行乳がよいと指導されるので、代替品へは切り替えずにようすを見ることにしました。

「アトピーといっても、息子のS君の皮膚は今はきれいだし、ステロイド入りのくすりを使っていたといってもほんのわずかしか使っていないので、スキンケアとしてはアロマテラピー用をベースにしたスキン用生ゴマオイルかナチュラルバーユのチューブ入りを使い、一日二、三回のベビーマッサージをしたり足浴をしてみてはいかがですか」と、実際にベビーマッサージをわたしがして、お母さんに見てもらいながらおすすめしてみました。

ただ、スキンケアをしていくうちに、今まで隠れ型になっていた皮膚アレルギーが再び悪化しはじめることがあります。そのとき、喘鳴《ぜんめい》が聞こえるようになる子もいます。その場合、イトオテルミー（温灸の一種）をていねいにかけていくと、からだの奥の方から湧き出てきた排泄物をスコップですくいとっていくような感じになりますが、Yさんは皮膚の状態を眺めていられないかもしれません。

ふつうは生後二、三カ月目から八カ月目ごろまでのアレルギーがひどい時期に、母乳を与え、子どもの気分をなごませ、温めて心地よさを感じさせながら、「ごめんね、じき気分よくなるよ」などといいながらやるものなのですが……。

ステロイドに頼らないではいられないと思っているYさんに対しては、こんなふうに軌道修正に時間をかけ、予測されることは伝え、選択肢がひとつ増えることで不安神経症から抜け出せるのかどうか、相手に寄り添ってつかず離れず待ちながらポラリティ（ゆさぶり療法）、テルミー、アロマテラピーをしていきます。

Yさんは結局、今までどおりステロイドとザジデンの内服と移行乳を続け、食事も主治医の指示どおりにすることで心を決めたようです。

それで一件落着かというと、それがまた次々とYさんを不安にすることが起こるのです。三週間ぶりに会うと、「S君が突然激しく夜泣きをするので困っている。医師もようすを見てというのでもう一〇日も経つけど、毎晩夫婦げんかして夫は子を怒鳴ったり打ったりする」というのです。

「今夜泣いたら尻、腹、腰、足へ熱いこんにゃく湿布をして、その三〇分後に電話をくださ い」と話しました。すると夜半、夫から電話がありました。「湿布をすると、すぐ泣きやみました。夜中に病院へも行ったりして、それでも毎日泣いて困っていたのに、本当にびっくりしました！」

しばらくして夫婦一緒に来所され、食事の大切さと手当て法をお話ししました。夫は、わたしと理解しあえる考え方の持ち主でしたが、Yさんはやっと脱出口のそばまで来たかな……というところでした。夫は、「妻は食物アレルギーを心配するあまり、まるで厳格なピューリタニズムに陥っているようだ」といっていました。「カレンダーの0がつく日とか5がつく日には家族そろってレストランで外食してみてください。月に三回ぐらいハメをはずして、たっぷりごちそうを食べようと誘ってください。きっと母子ともに今より活気が出てきますよ」と助言しました。

それから一カ月後、夫はしぶる妻を口説いてレストランへ行きました。するとどうでしょう。わたしの思惑通り、二、三回目からはコロッとお母さんの態度が変わり、明るい表情になりました。「IgEも三歳ごろには五〇以下になると思いますよ」と励ましつつ、ときどき来所するYさんにサポートを続けています。お父さんもよろこんでくださってよかったと思います。

育児ノイローゼにならないためには

一般的に育児ノイローゼと思われているのは、「あなたとわたし」という人間関係に慣れているところへ、「あなた」なのですが厳密にはわたしと確たる区別がつかない赤ん坊がそこにいるためにとまどっている状況とでもいえます。もちろん、赤ん坊は「わたし」自身ではありません。だから「あなた」なのですが、「あなた」と「わたし」との間柄を貫通した存在なので、「わたし」の気持ちが「あなた」にうまく伝達できないように感じることがあります。赤ん坊も同じように感じていますから、彼らは激しく泣いて「わかってほしい」と伝達してきたり、「わかればよろしい」とうなずいたりしています。

赤ん坊と母親との、この「汝と我《なんじ》」の関係は、父親と赤ん坊のあいだではちょっと異なっています。赤ん坊は「自分と母とは同一性」と思い込んでいますが、「自分と父」との関係にはちゃんと「汝と我」という区別が明瞭に理解されています。したがって、父親が育児ノイローゼに陥ることはほとんどなく、多くは母親が「汝と我」との混沌のなかでうまく整理できぬ感情を吐露しやすく、他人から見たら大したことがないような「気にし屋さん」ていどの状況でも、自分では「育児ノイローゼになった」と思い込んでいるのです。

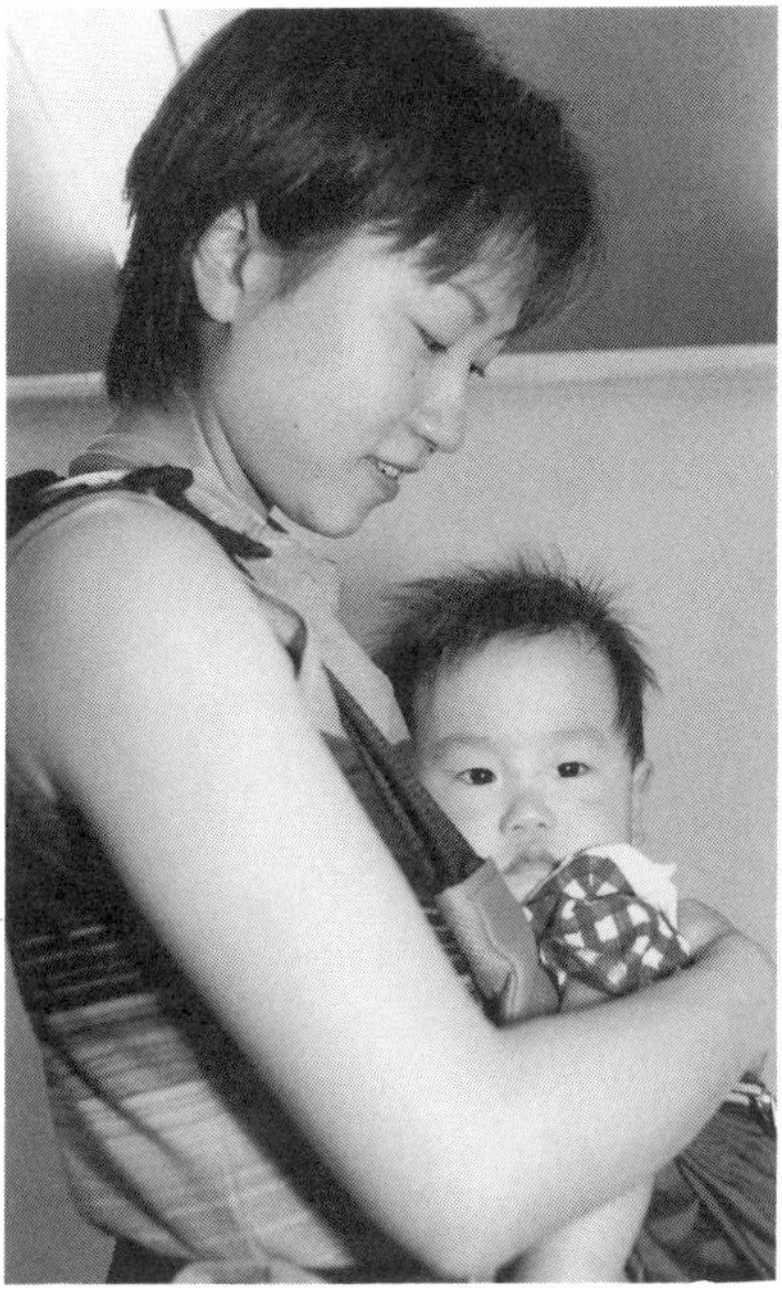

赤ん坊が母親に対して「汝と我」の感覚をもつようになるのは、およそ三歳児になって母乳をやめて以降だと、臨床的にわたしは見ています。ことに、母乳育児中の赤ん坊は、粉ミルク育ち

の乳児にくらべて「母と子との同一性」の期間が長いことがわかります。それだけ密着した関係なのだと思います。しかし心配はいりません。そのあとにしっかり自立して育ちます。

以上のことを念頭に入れておけば、育児ノイローゼにならないための戦略も、各家庭ごとに、それぞれ異なったことが考えられるでしょう。具体的には、母親自身がいちばん心地よい生き方とか、心地よくするために呼吸、睡眠、食べもの、排泄、着衣、笑い、スキンケア、アタッチメント（触れる）、やさしいささやき、ほめことば、いたわりのある語りかけをしてくれる人びととの交わり、夫との親密さ、先祖から連綿と引き継いできた血のつながりが今ここにわが子として結晶し、次代に伝わる不思議さに対する感謝などといった暮らしのなかのホンネを追求することです。

自分が心地よいことのすべてを赤ん坊にも手で触り、ことばで話し、うたを歌い、本を朗読し、踊り、泣き、笑って聞かせるのです。もっと大きい子どもたちとも、ホンネで語ればわかりあえます。他人が教えてくれたからとか、偉い人が書いた本で読んだからとか、自分で勝手に描いた「あるべき姿」は一度ないものにして、もう一度わが子をしっかり抱きしめて思い切り泣いてしまったら、すっきりして互いの心をいたわり、ノイローゼの予防に有効です。

年齢別育児のコツ

○歳児の育て方

口の欲求を満たすこと

赤ちゃんは胎内にいたあいだは、口を使って積極的に食べものを求めたり、取り込もうとはしませんでした。すべては、へその緒から成長に必要なだけの栄養素を一方的に与えられてまかなわれていました。胎内では、羊水を口から飲み込み尿として排泄していました。

生まれてからは、へその緒に代わり、口を動かして母乳をくわえ、舌や唇で圧迫したり、なめたり、飲み込んだりして積極的に赤ちゃん自身が生きようとしています。

母親も、赤ちゃんが乳首を吸引する刺激に反応して、子宮が元の大きさに縮みます。乳首は粘膜です。赤ちゃんの唇や舌も粘膜です。粘膜と粘膜とが互いに接触する心地よさは、脳下垂体のはたらきへと伝わります。その結果、母乳分泌がはじまります。

赤ちゃんにとって、口は生存を保証するためにもっとも重要なところだから、その口を徹底的に使えるように手伝ってあげなければなりません。

口の欲求を満たすときの注意点は、粘膜の接触しあう力がゆるゆるであるよりは、やや強めに締めつけなければ目的を達せられないぐらいの関係が、満足度を高めるということです。

つまり、出すぎないていどの母乳を与えられると、赤ちゃんは口を強く締めつけたりゆるめたりして唾液とよく混ぜ合わせ、消化力を高めつつ飲むことができるために満足します。少量で満足し、おなかの調子もよいのです。

人工乳首も粘膜に似せて作られていますが、互いに接触する際に粘液の分泌はないので、赤ちゃんが唾液分泌しても母の乳輪部から出る粘液と混ぜ合わさるようなしくみはありません。

また、人工乳首の穴が大きいと粉乳が多量に出やすく、赤ちゃんががぶ飲みしてしまいます。粉乳と唾液との混合が少ないと、消化力が弱まり胃のはたらきを低下させて、おなかに力が入りません。しかも、粉乳の与え方を缶の表示に頼ると一度に多量に与えやすく、母乳の三〜八倍、ときには一〇倍の量を飲んでしまう子もいます。目方は増えるものの、おなかの具合が落ちつかず、うなったり眠ったり、多量の尿を出して疲労していくようすがわかります。そんな育て方では目の輝きが出てきません。

活力ある眼力の強い子は脳もよくはたらき、手足をばたばたさせず、おっとりとのんびりと動かし、見るものを見ようとする意志、あるいは生きようとするエネルギーが赤ちゃん自身の活力として溢れていて、抱きやすく、育てやすい子になります。

まだ日が浅いからとか、その子の性質だからだとは思わずに、母の乳房（粘膜）を赤ちゃんの口のなかへ挿入して赤ちゃんの粘膜を十分に刺激し、唾液分泌を高め、あごをよくはたらかせてください。

お尻を清潔に

食べもの（母乳）を口から取り込み、最後の出口は肛門です。口から肛門までは一直線につながっていると思ってよいでしょう。

口から取り込む食べもの次第で、肛門は清潔だったり傷ついたりします。

おむつかぶれができても、たいていの人はかぶれた部分だけを何とか修復して、きれいにしようと考えるでしょう。わたしも若いころは、おしめかぶれは「細菌感染」が原因であるのかと思い、看護研究をして学会報告したことがあります。確かに細菌はいました。だがそれは、かぶれた部分の傷口からは炎症性の分泌物が出て、そこに菌が増殖したのであって、菌がいたからかぶれたのではなかったのだと後日わかりました。おしめかぶれの原因は、食物アレルギーの問題につながってきます。

大人でも、白米ばかり食べていた人がある日玄米を食べたら、尿も便もまだしていないのに、食べた直後に肛門が急にひどくむずがゆくなってしまったという例があります。見ると、肛門周囲が蚊にさされたように輪状に赤く変色していました。舌は中央が白い舌苔でおおわれて、唇も乾いていました。歯をみがき、歯ブラシで静かに舌苔をそうじしました。梅醤番茶を飲み、昼はやわらかいごはんに替え、油を控えました。肛門にはナチュラルバーユを用いて、肛門部の粘膜から周囲のやわらかい皮膚まで、ていねいにマッサージをくり返しました。一回の手当てでその人は肛門周囲炎のはじまりの症状は消えました。

ところで赤ちゃんは、その人の母乳を飲み続けました。すると赤ちゃんの肛門も赤くなりました。肛門部へのマッサージをして清潔にしました。そのときに、母乳の乳質が子の口から肛門までの消化管に作用し刺激を与えて急に血行循環が高まり、粘膜が腫れてかゆみが出たことがわかりました。

その後、この母と子は玄米に反応したのではなく、玄米のなかに入れた小豆に反応して肛門周囲がただれてかゆみが出たということがわかりました。

また、周囲の皮膚がえぐれるほどひどいおしめかぶれの赤ちゃんがいました。くすりを使ってもまったく回復せず、てらてらと赤く光ったかぶれから出血して、ずるむけになっていました。この子も、母親の好物の納豆と豆乳を中止した結果、母乳の乳質が変わり、子の腸に負担をかけなくなり、次第に肛門は清潔な状態になりました。

「清潔に」というと、赤くただれたところを湯で洗い、ガーゼで拭き、ぬれたティッシュペーパーで拭き取り、くすりを塗ることだ、とのみ考えてしまい、「ちゃんと清潔にしているのによくならない」と思いがちです。しかし、実際は食物アレルギーによるもの

であると考えて、母親としては、「肛門の清潔は口にはじまる」ことを思い出しましょう。
口の清潔は、少量ずつよくかんで食べるだけで保てます。大人も赤ちゃんも同じです。

目・耳・鼻・舌の清潔

子宮内で胎盤と臍帯（へその緒）から養育されていた赤ちゃんが「目やに」「耳だれ」「鼻くそ」「舌荒れ」などという症状になる例はありません。さすがに胎盤はすばらしい調和を保った給食機能です。

しかし、生まれて乳房から母乳をもらうようになると、乳房は胎盤ほど上等なはたらきをしてくれません。母の食事の仕方によっては、胃腸に負担をかける品質の悪い母乳が出ます。その結果、目やにや鼻くそが目立ちます。

これは、病気ではないから放っておいてよいといわれますが、母がよくかんで食べると、それらの症状はなくなります。そして、胎盤で育てていたときのように身ぎれいになります。粉乳育ちの子なら一回分の量を減らすと、唾液とよく混ぜて飲むようになり、身ぎれいに変身します。

よだれは、口のなかへ飲み込めるようにします。舌が荒れるとよだれが外へ流れます。よだれ掛けがいらない子にするには、おにぎりとたくわんをしゃぶらせ、母乳を与えているだけでよいのです。おかずが大事とばかりに、主食より増やしたり、離乳食を多く食べてよろこんでいると、胃腸に負担をかけるため舌が荒れてよだれの多い子になります。

胃腸の安静をはかりながら食べものを与え、しかも与え方の調和不調和を知るのに、よだれはよい目印になるでしょう。

あそび

命名の紙を壁に貼ります。生まれた日からその文字をよく眺める子が大勢います。はっきりした文字のカレンダーを眺めている子もいます。らくな自然のお産で生まれた子たちです。母乳を飲む前に、黒い文字と紙の白さとのバランスを眺めているのです。母の丸い黒い瞳に赤ちゃんは吸い寄せられていくのです。福笑いあそびの例なら、正しい位置に目、耳、鼻、口、まゆ毛などがついている方をじっと見つめます。散乱した方には関心がいきません。

この見つめる力が、あそびのはじまりです。だんだん大きくなり、母乳やごはんを食べるようになっても、絵よりは文字の方を好む子が多いのです。生活のなかの何気ない文字、新聞や折り込み広告を見せたり、読むのをそばで聞かせたりします。本なら会話のスピードで読む方が好まれます。テレビよりもラジオを好む子に育てられるだろうか、家庭ではむずかしいでしょうか。

すばやく動くテレビ画面は視力低下に影響するとの考えもあります。

とにかく、母が好むことのすべてを子はまねしていき、知らず知らず身につけてあそび上手になるのです。また、しつけられていくのです。お母さんは歌いかけ、語りかけ、よく笑ってください。「まね」「まなび」から育って身についたわけではないことは、どうしても「押しつけ」であって「しつけ」ではありません。「しつけ」の基本は、あそび上手な子を育てることです。あそばせ上手の母親が子育て上手なのです。

けれども、一対一で朝から晩までしゃべり通しに語りかけるのではありません。授乳のとき、おしめのとき、目と目が合うとき、ぐずったとき、ベビーマッサージのときなどのチャンスを生かすのです。赤ちゃんにうるさがられるようではかえってマイナスになります。

ベビーマッサージ

胎内で、また分娩時、そして各月ごとに、赤ちゃんは、大人にはわからない世界をたくさん経験してきています。その過程では、赤ちゃんによかれと思ってしたささいなことでも、彼らの心身を傷つけてしまうこともありがちです。

大人にはわからないジレンマを赤ちゃんが持ち込んだとき、たのしげではなくなります。ほがらかな表情より、むずかしい表情に見えたりする日もあります。また、はっきりかなしんでいる表情や、怒ってるな、とわかる日もあるでしょう。

それにいちいち気をもんでいると、お母さんがめげてしまいます。赤ちゃんがどう思っているかわからなくても、とにかく手を当ててやり、軽くタッチし、なでさすり、圧迫し、引っぱり、やさしく押しつけてあげます。

こうして、ベビーマッサージをしてあげると、赤ちゃんは活気を帯びてきて、人柄が変わってきます。体質も変わって皮膚の荒れが消え、のどの渇きもなくなります。ぐずり屋さんがぐずらなくなるので、みんなからほめられて、ますます輝いてきます。

わたしはオーストラリアのナース、アメリア・オーケット氏の著書『ベビーマッサージ』を邦訳監修して、メディカ出版から刊行していただきます。ぜひ参考にして赤ちゃんに接していただ

きたいと思います。

一歳児の育て方

発達の速度はまちまち

一歳児の特徴は、歩きはじめることや、探検といって引き出しやタンスのなかの衣類などを片っぱしから出し、調べるような顔をしてあそぶことです。また、高いところからあらゆるものを下へ落として「あーぁ」といいながら、母親が毎回片づけるのをたのしんで見ています。

「這えば立て、立てば歩めの親心」といって、この時期は、子どもが育つのがよくわかり、成長の節目ごとによろこびを感じます。

なかには、発達の速度が子どもによりまちまちであるために、歩かない子もいます。でも、その子なりの個性は十分育ち、自分を表現するしぐさをあれこれとしてみせています。

わたしたちはわが子の成長の節目を確かめながら、この子はどんなことができて、何ができないかを知ることに強い関心をもちますが、子どもなりにそれぞれですから、長い目で眺めつつ待ってあげましょう。

大きい子、小さい子、何かができる子、まだできない子、さまざまに育っていく子どもたちは、みんな個性と大きな創造力とを兼ね備えてもっています。未来の豊かな人間性が開花するまで、この若いふたばの赤ちゃんたちをやさしく見守って、たのしく安心感を与える時間が一歳児を育てているときだと思います。

母乳育児は継続してよい

歩行開始と歯が生えそろうころになると、一応、「乳児から幼児へのステップ」と見なすのが一般的です。そのため、母乳育児を終了すべきかどうか思い迷うことと思いますが、子どものようすを見守りながら決めていきましょう。

母乳を飲んでいるのは、母乳がおいしく、まだ栄養が足りていて、品質管理に合格しているのだと考えながら授乳してよいのです。母乳が良質なら、赤ちゃんはごはんを食べる量も少ないのです。なかには、ひとさじしか食べないから母乳をやめねばならない、と思ってしまうお母さんもいますが、それは理にかなっていません。母乳で十分だから、ほかのものはまだいらないだけなのです。

その証拠に、お母さんがなめてもおいしくない母乳のときは、赤ちゃんはごはんやおかずをたくさん食べるのです。

国際的な母乳育児支援の非営利団体である「ラ・レーチェ・リーグ」の考え方は、今やナースや医師でさえ一定の基準として考慮すべきものといわれるくらい、「母乳育児のスペシャリスト」の権威とされていますが、ラ・レーチェ・リーグもわたしたちも同様に、母乳育児は一歳すぎてもまだ継続すべきという考え方です。

無理強いして、がまんさせてやめる人がいます。そうしてできないことではないでしょう。でも、そのとき、子どもの心はさみしいのです。まだまだ母の胸に抱かれ、あたたかい母乳を飲むときの安心感を求め、愛着行動に浸っていたいのです。まだ求めている母への強いきずなをしっかりとたぐり寄せて、育ててください。

周囲の人びとが「やめろコール」を吹かせたとしたら、子どもには「ナイショよ」といって飲ませ、安心させてください。それが、わが子への最も根源的な心の交流になることでしょう。精神的外傷（トラウマ）を負わせずに育ててこそ、のちのちまでも心の交流が円滑にいく育て方なのです。一歳六カ月検診時も飲ませていないふりをしてきたと笑っているお母さんは大勢いるのです。

母乳をやめたらおかずを控えめに

Ｋ子ちゃんは、一歳で母乳をやめました。それまでは大変育てやすい、おだやかでおっとりした子でした。

ところが、やめた翌日から不機嫌になりました。お母さんは空腹ではないかと思い、牛乳を与えたり、おかずを煮てつぶして与え、野菜ジュースやスープを作って飲ませました。のどが渇いていたのか、ジュースやスープをよく飲みました。

その結果、からだはジメジメして冷たく、おなかが張って便もコロコロと石のように固くて出にくくなりました。排便時にも泣くようになりました。母に抱かれるとちょっと落ち着きますが、放すと泣きぐずるのです。すると、家のみんなが「いつまでも母乳を与えたせいで自立がおくれた」とか、「甘えぐせがついた」とか、いやな言葉をたくさん浴びせかけます。しかし、子どもの変化の本当の理由は、ただ「母乳を早くやめたため」だったのです。

母乳をやめて牛乳を与えるのは、本末転倒というべきです。牛乳は牛を養うための餌です。牛乳をやめて、「人の子は人間の母乳で」といって母乳育児に戻してあげてみてください。おかずも一時的にやめます。野菜スープやジュースなどもやめて、おむすびをお母さんがかみ砕いて与えるようにと話しました。

その結果、一度やめた母乳には容易に飲みつかず、おむすびとたくわんを好んで食べました。四日間かけて母乳は再分泌してきました。するとK子ちゃんは体調も回復し、コロコロウンチはバナナ状で一本大きいのが出るようになり、次第に機嫌がよい育てやすい子に変わりました。

一歳児の何気ない日常のしぐさや、感情の乱れに対して、周囲の大人は勝手な思い込みや見込み違いから、「悪いくせがついた」「扱いにくい子になった」「性格が悪くなった」と感じつつ育てています。子育ては苦労が多いものと感じはじめるのがちょうど一歳児のころからである点をよく考えて、母乳で育ててきたみちすじをもう一度なぞりながら、毎日の食べものを吟味して見つめ直し、あとしばらく母乳を与えてください。けっして乳ばなれがむずかしいなどということはありませんので安心して授乳してください。

衣類の調節をこまめにしましょう

一歳児はすばやく這い這いをして動きまわるために、上半身と首まわりに汗をかきます。これは、下半身を温めると治ります。

上半身よりも下半身が温まるように着るものを調節し、大腿部からすねのあたりが温まり、胸の方が少し温度が低くなるような工夫をします。こうして調節すると、からだの余計な水分は尿として排泄されるので、発汗がいくぶん減ります。また、耳や鼻のトラブルも減り、慢性的に耳を痛がって不機嫌だった子も、いつのまにか治ってしまいます。

冬でも、はだしやはだかで立派に育児をしている保育園もあります。ですが、冷えていれば温め、暑ければさます手当て法を必要としている子もいます。向き、不向きを見きわめてこまめに対応し、その手加減を変えるのが、一歳児を育てているときの宿題だと思ってよいでしょう。まだ歩かないのに、つかまり立ちをよくして母の足にまとわりつくのでうるさいと思ったら、おかずをやめれば治ります。

あそびと手作りおもちゃ

一歳児が好きなあそびは、お母さんが日ごろ使っている道具を用いてのものです。ことに台所の調理用具が好きです。しゃもじや木ジャクシ、木のスプーンなど、安全でしかもぬくもりのある品を与えてあそばせます。一歳から包丁を持たせて、大人の仕事をまねる心を伸ばすと、けがもせず上手に道具を使いこなすということを実行しているお母さんがいました。一歳児だからと弱い者扱いせずに、何をまねたがり、どのようにあそびたがっているかを知ると、驚くべき力を発揮している子があちこちにいることがわかります。

ひもやホースやコードを好む子も多いので、三〇センチくらいに切ったものをおもちゃ箱に入れておきます。指で押したり、まわしたりする道具などのほか、ぬいぐるみに関心が向くのもこの時期からです。身のまわりに、安全で清潔なおもちゃを置いて、あそばせてください。

ことばの出方は子どもによりけり

一歳半ごろには、はっきりとお話ができるようになる子もいます。母乳の飲み方にムラがあったり、乳腺炎をよく起こしたり、出不足や出すぎなどのトラブル続きで舌小帯の手術をしたりと、災難をなげいて育ててきた子や、全身にアレルギー症状が出て泣いてばかりいたわが子を、不眠不休の子守りをしつつ、人の何倍も手がかかったとなげいていたお母さん方には、大きな天の恵みのごとく感慨もひとしおのことでしょう。

一歳児からの早期教育には批判が多いのですが、「早期の愛着保育」をしながら、毎日五分ないし一〇分間の読みきかせをして育てていると、本を一人でじっくりと見ながら、おもちゃと同じくらいたのしんであそびます。これは、子守りもらくでよいのですが、ことばもよく覚えるので、コミュニケーションがとりやすく、育てていておもしろく、たのしく、ユーモラスな親子関係を実感できます。

夕暮れ泣きは朝のおにぎりで治す

一歳児で、まだ母乳を飲んでいる子がちょっとでもぐずると、周囲の人はすぐに「母乳のせいだ」「甘えっ子になった」と責めたてますが、それは誤りです。

夕暮れ泣きをする子に手を焼いているならば、朝の六時、八時、一〇時ごろにかみ砕いた塩むすびを食べる量だけ与えます。おかずはしばらく中止して、質のよいたくわんを二、三切れ持たせて、しゃぶらせます。昼食時、三時、夕食時にも同じようにしっかりと、穀物を与えてください。魚や肉や卵、チーズなどはしばらく与えないでください。

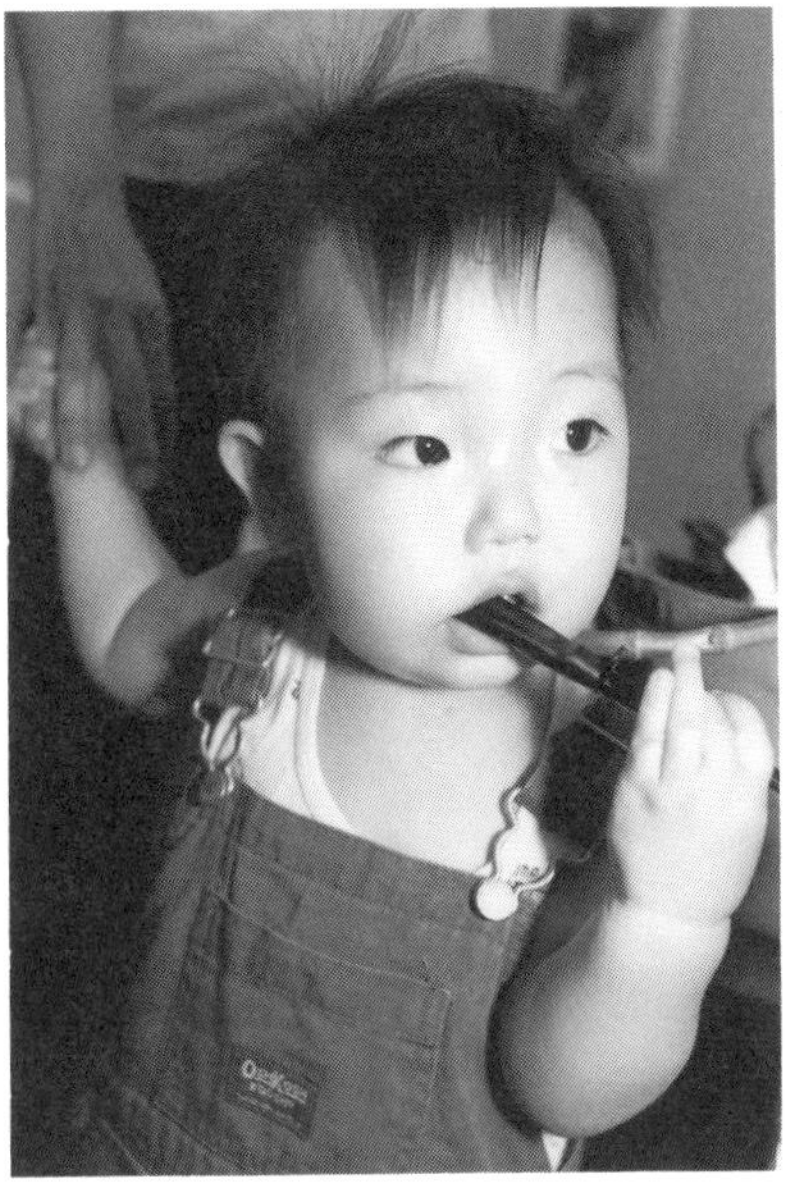

ごはん（炭水化物）は体温を上げ、腸の消化を助け、脳のはたらきをよくします。

卵や肉（たんぱく質）は、おなかにもたれ

てだるくなり、ぐずる原因になります。ぐずるときは、おなか、尻、腰、足をこんにゃくや塩湯《しおゆ》や大根の干葉《ひば》湯《ゆ》で温めます。母乳はもちろん頻繁に与えます。これで落ち着いてきて、コロコロとよくあそぶ、おとなしい子に変身します。

二歳児の育て方

二歳児の母乳の与え方

二歳になっても母乳をまだ飲んでいる子は多いことでしょう。飲み方としては、ごはんを先に食べ、あたかも口直しをするかのごとく、少しだけ母乳を飲んでいる子もいれば、ごはんより先に母乳を飲まないと気がすまない子もいます。

眠たいときには、母乳を飲んで安心して眠る子もいます。昼間はごはんだけ食べていて、母乳をまったく飲まない子がいますが、就寝前には母乳をせがみ、飲むと安心して眠りにつきます。たっぷり授乳して大丈夫なのです。

わたしの相談所で働いているIさんの子は、よくあそび、ごはんもよく食べています。そして、日中もちょこちょこ、ちょこちょこと頻繁に飲みにやってきます。お母さんも三、四分ぐらいの間に両方の乳房をふくませて「はい、おしまい」というと、Hちゃんはすぐにまたあそびにかかります。

ワーキングマザーと母乳

子どもが二歳にもなると、外へ働きに出る母親も多くなりました。
働きに行ったり、外へ出ているあいだは、母に代わって子どもの身のまわりの世話をしてくれる人がいれば、安心できます。できることなら子どもを連れて、自分の職場であそばせておければ、なおさら好都合です。

母が不在中の代理母にお願いしたいことは、「けっして過食させないでほしい」ということです。無理強いしたり、努力してまで食べさせたりしないでいてくれさえすれば、丈夫に育ちます。二歳児の食べものに対する態度としては、まだ穀物中心の食事を好む傾向が見られます。「ごはんばかり食べて、おかずをちっとも食べない」と悩みごと相談に正しい解答を求めても、「お母さんの努力や、調理に対する工夫が足りないせい」と指導されてしまいます。そのような自責の念に陥るようなことがないように、二歳児の食べ方の実際を知るべきです。

朝早く、起きたときすぐに「おなかがすいている」のが二歳児です。お母さんも「おはよう」というなり、手に水をつけ、塩をまぶして両手を合わせ、ごはんを少し取り寄せておむすびを作ります。俵型のおにぎりが好きです。のりがあれば少し食べます。梅干しやたくわんがあるものを好みます。おむすびのなかには何も入れません。ふりかけもいやがります。

おかずの食べ方

父と母の食卓が、きちんとしていることが大切です。子どもがそれを眺めて、あるおかずを指さし、食べたいという意思表示をしたら、その食べものを小皿に取り分けて与えてください。もっといって食べるようならば、次から次へと、少しずつ取り皿に分けて与えて、「おかわり自由」の姿勢を示してください。満足するまで食べると、あとはあっさりして取り散らかすこともなく、行儀よく食べます。

Tさんは、子どもが「食い散らかす」のは前日に食べたものによるということを、わたしに教えてくれます。Tさんが父母と子どもたちだけで、普段どおり、ごはん中心のおかず控えめで過ごしていると、どこで食事をさせても、ぽろぽろとこぼしません。座って食べている周囲に、まき散らすことがありません。食事中に、立ち歩くこともありません。

ところが、実家の母親が訪ねてきて、孫かわいさに、くだものやお菓子やパンを与えます。子どもは親が心配するほどは食べないのですが、翌日にはしぐさがまったく変わるのです。ぐずり、ひがみ、すねたり、わざとらしく大人の困るようなしぐさをします。そのもっとも特徴的なことが「食い散らかす」ことです。

わたしたち大人は、しばしば子どもに向かって「行儀よくしなさい」といったり、手や足を叩いて、きちんとすることをしつけたりします。Tさんは「つくづく、しつけは押しつけなのだということに気づきます。食べものに注意し、子どもを抱いてやさしく語りかけ、理解しやすく話して聞かせるようにしていると、ちゃんとわかります。行儀が悪く、大人が気にくわないことをあれこれしても、食べもののせいとわかれば、まあ仕方ない、まあいいか、と許してしまう」と述べています。

二歳児はことばがはっきり出ます

いろいろ簡単な話ができるようになり、歩き方も活発で、高いところへ登ったりできるようになる二歳児は、自尊心もしっかり自覚しています。

お母さんとおばあちゃんが子どもの気持ちを無視して、あることを決めたときから、急に口ごもってしまったKくんがいました。困ったお母さんが、おばあちゃんの家へ連れて行って、おばあちゃんとのそのときの会話のやりとりを思い出しながら、くり返しKくんに聞かせました。そして抱き寄せ、「ごめんね、Kくんのことをちゃんと考えずに、おばあちゃんのうちに泊まるとか勝手に決めてしまったね。Kくんは、お父さんが会社から帰ったときに一人じゃさびしいのではないか、お父さんはKくんに会いたがっているのではないかと、お父さんのことを考えてくれていたのね。だから千葉のおうちへ帰りたかったのに、お母さんはKくんに相談もせずに決めてしまってごめんね」とあやまりました。

そのとき、Kくんは大きな声で五分ほど泣きました。そのあとから急に、元のようにことばが出るようになりました。

Kくんの場合はすぐに対応できたので、このような解決のしかたがわかりました。日が経ってしまうと、お母さんがそのときのやりとりを忘れるので解決が遅れます。抱っこ法でよく話をして、同じ場面を再現してみると、おもしろいほどどらくに解決していきます。

二歳児のあそび

二歳児は「ごっこあそび」「絵を描きながらのことばあそび」「ボタンがけ」「筆ペンで描くこ

と」が得意になります。

壁に模造紙を貼り、筆ペンやはさみ、折り紙、のりなどを自由に使えるようにしておくと、気分のままにたのしくあそびます。子どもがどんなつもりでそれを描いたのかよく聞き、日付もメモして写真を撮り、保存しておきます。

およそ一、二カ月ごとに経過を追って眺めると、そこにはちゃんと、子どもなりに意図するものが一本通っていて、お母さんを慰めたり励ましたりしてくれます。完全なマルはまだ描けないのに、ある日から急につながったマルが描けたとき、涙がいっぱいあふれたと語っていたお母さんがいました。

障害がある子も、そうではない子も、何歳という年齢の積み重ねではなく、経時的に眺めていきさえすれば、ゆっくりながらも親の与えたチャンスを生かして、成長し続けていることがわかります。

忙しい暮らしのなかで、子どもが「これは？」「なに？」ということを、めんどうくさいと思うかもしれません。この時期は抱っこをせがみ、母を独占したがり、もっともめんどうな期間かもしれないけれど、子どもとともにあそんで育てることが大切です。

ごはんをしっかり食べ、おいしいたくわんを食べ、おかず控えめの子たちは、いきいきと、二

〜三歳児時代をたのしんで生きていきます。下の子が生まれると、下の子といっしょに母乳を飲んでいる子もいます。でも、下の子が飲む量とくらべれば少量で納得し、安心している子もいるのです。

おもちゃの取り合いとけんか

欲しいとねらいをつけたおもちゃがあるとき、ある子は、それを持っている子が手放すチャンスを待って、素早く手に入れてたのしそうにあそびます。別の子は力づくで奪い取り、相手を泣かせたり、相手から叩かれて泣いていています。

今持っている子が手放すのを待てる子を見ていると、甘い食べものを控えて育てています。別の子のお母さんにたずねると、「にんじんジュースが大好き。牛乳を与えたくないから、からだにもよいと信じて、水の代わりににんじんジュースを与えている」というのです。

そこでためしに、にんじんジュースをやめてお茶だけにしました。母乳を飲んではいるものの、主食中心に暮らしているそうですから、母乳を継続して飲ませることにしました。

すると、あそび方がおとなしくなりました。つねに泣き叫び大さわぎをして、叩いたり叩かれたりしていたのが、嘘のように静かになりました。にんじんジュースには、子どもの心をかき立てて、しぐさが乱暴になり、しなやかさを欠くはたらきがあるように思われました。陽気で活動的な二歳児には、大人の好みで与えた飲食物の性質と、子どもの情緒との因果関係を知るのに、おもしろい取っかかりがあることに気づくのです。

二歳半から三歳児の育て方

この時期の子の特徴

二歳半から三歳までは、一般的には育てにくい時期といわれています。

それは、ことばをかなり正確に豊富にしゃべるようになって、自己主張が強まり、しばしば親の考えるやり方ど衝突するためです。この時期の子が「あらぬことを突然しゃべりだした」「驚いた」ということをしばしば耳にします。子どもにとってはけっして作り話ではないことがわかります。だが、やがて三歳になると、もうそういう不思議な話はしなくなります。

子どもは、子どもなりに、生来の生きるエネルギーに突き動かされた、育っていくべき道すじをもっています。彼らの表現をよく見て、感じ、それを理解し、支援できる母親なら、二〜三歳児の反抗的なやり方は、それまでの自分の育て方に軌道修正を迫り、それを気づかせてくれているることがわかるでしょう。

ところが、彼らの育つ道すじを理解せず、親の思い込みで無理強いして、彼らの表現力を抑制したまま育ててしまう場合が多いのです。そうなると、あたかも、ツル性植物がツルを巻きつけ、上へ上へと育っていく自然の力を無視して、ツルを地べたに踏みつけたような状態にしてしまいます。そこで反抗的な現象を示しはじめます。彼らはまっすぐに育ちたいのです。

反抗的な態度をもっとも端的にあらわすとき、それは、食事のマナーの悪さや、下の子が生まれたときの赤ちゃん返りです。

食事のマナーは食べさせ方できまる

二～三歳児は、家のなかで営まれるもろもろの行為に対し、それを「ルール化」したがります。あれこれひとつのルールを定めると安心します。手を合わせ、頭を下げて食事前後のことばをお母さんとともに唱和することを好む子どもの気持ちに反して、お母さんは意外に放ったらかしのまま、ともによろこび合うやりとりをしないものです。

食卓のルールひとつでも、子の思いとか願いを感じないまま過ごしているうちに、子どもは、自分の気持ちを行動で示しはじめます。ことばのひとつひとつはお母さんと食い違い、憎たらしいいいまわしをします。

また、騒々しくしたり、食べ終わるまでおだやかに話すことをせず、食い散らかしたりします。じっと座って食べることができなくて、そわそわと動きまわることがあります。よくかまずに早食いをして、水をたくさん飲む子になります。

お母さんはいちいち口うるさく注意するようになります。「静かにしなさい」「じっとして食べなさい」「こぼさないで」「よくかむのよ」「早く食べなさい」と始終いっていませんか。

食卓における二〜三歳児とのやりとりで大切なことは、子どもに「今日は何を食べたい?」とは聞かず、「お母さん自身はどんな材料で調理をしてみたいのか」に合わせて食事を作ることです。

そのなかから、二〜三歳児が好む食べものをお小皿に取り分けて与えます。「おかわりは自由だからね、少しずつ食べ終わってからにしよう」といい聞かせておきます。ごはんがたっぷりあっておかず控えめのときは、子どもも食事に対してまじめになります。「こんなおかずイヤ」「これっぽっちイヤ」「まずい」と文句をいうときは、たいてい空腹ではありません。

日ごろから少なめに、よい材料でととのえられた食べものを与えられているときは、二〜三歳児といえど、食卓のマナーは行儀作法にかなっていて好ましいものです。二〜三歳児はきちんとしたことを好む特徴があります。

わたしの子どもが三歳と五歳のとき、スーツに蝶ネクタイをつけ正装して「さあ、今日はきちんとした食事の食べ方を教えていただきに行きますよ。一流のレストランのボーイさんからちゃんと教えてもらいます」といって外食をしました。子どもはやや緊張して、それでも何が起こるか興味津々と銀座のレストランに行きました。ボーイさんはいすの座り方や、スプーン、フォーク、ナイフの位置と使い方、ナプキンの使い方、料理のメニューと材料と食べ方など、こまかに、子どもにもわかるように説明してくれました。

当時三歳だった二男は、成人してからもそのときのことをよく覚えていると話していました。三歳の子どもとつき合うとき、お母さんはちょっとおまつり気分で、ややオーバー気味にうれしがったり、ほめてあげるのがコツだと思います。チャンスを生かして大人もたのしみましょう。

下の子が生まれたときの反抗について

三歳児の赤ちゃん返り、とよくいわれます。下の子が生まれるとやきもちを焼き、お母さんが下の子の身のまわりの世話をしていると、わざわざ「おしっこ」とか「本読んで」とか「あれ取って」などとお母さんを呼び寄せ、お母さんの仕事を妨害することがあります。

そのたびに「ちょっと待って」とか「自分でできるでしょう」「うるさいわね」と、お母さんの機嫌は悪くなっていきます。ついには「叩く」「ける」「ツネる」「悪くののしる」ようになり、やさしい表情とはとてもいえない目で三歳児をにらみつけることになります。

そんなとき、子どもは「お母さんを不快にさせてしまった」と心を痛めています。でもその気

持ちとは裏腹に、もっとお母さんが困るいやなことをしてしまいます。本当に憎たらしくなり、ちっともかわいらしくなくなり、ときには「こんな子、いなければよかった」「殺してしまいたい」「死んでしまえばいい」など、自分自身でさえ思いもよらなかった鬼の心になっているのに気づき、ハッとしてしまうのです。こんなことは誰にもいえないけれど、「わたしはなんと鬼のようなひどいお母さんなんでしょう」と、今度はその気持ちをさいなみ、かなしくなり、ノイローゼ気味にさえなってしまうものです。
三歳児と下の子の誕生をめぐる扱いにくさを解消する最良

の方法は、「食べものの与え方」を変更することです。

彼らの反抗をよく眺めていると、あっけらかんとした大らかさを失なって、からだじゅうがだるく、くたびれている子と、逆に、じっとしていられない躁状態になり鎮静さが失われている子がいます。

これは、早朝からおにぎりと質のよいたくわんを二片与えてようすを見るとわかります。くだものとにんじんと牛乳を好きな子は、自分ではどうにも止まらない、ハイな気分になっていて、乱暴なことをします。紙ねんどで工作をさせると細部が雑なまとめ方をしています。鉄棒から落ちたり、つまずいたりケガをしやすいのです。ところがおむすびとたくわんを与え、ほかの食べものを与えず、二、三日すぎてから紙ねんど細工をさせますと、以前の作品よりも細部にわたって目配りをしたあとが見られます。また、寝ぞうがよくなるにつれて、親を困らせるいやな言動が減ります。それどころか、お母さんが下の子に世話をしやすくなるように気働きができる子に変身してきます。

今まで、お母さんを困らせながらも、「お母さんにすまないな」と気をもんでいた子がいます。その子の舌をよく見るとわかります。舌尖部《ぜっせん》が丹頂鶴の頭のてっぺんのように赤らんでいる特徴から、その子の心の苦悩を知ることができます。

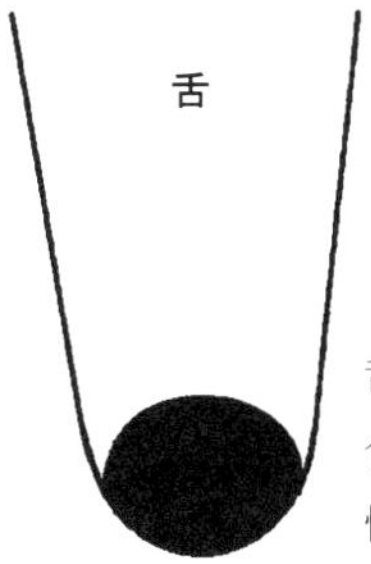

舌先が赤らんでいる場合は，親に気をつかい，悩んでいるときです．

彼らの舌尖部が特徴的な赤らみ方をしていたら、お母さんが子どもに「すまなかったね、叱ったりしてごめんね」とあやまってあげます。そのあと、子どもの後ろへまわって、両腕をよくつかみ頬ずりして、立たせたまま、「今日のお洋服はすごく似合っているね」などと、子どもにとっては思いがけない点をほめてあげながら「イチ・ニイ・サン」といいつつ八秒間しがみついてあげます。

この後ろからのしがみつきの八秒間でさえ、ひざをつき、ぐにゃぐにゃとへたって座り込んでしまうとしたら、お母さんの心と彼らの心とのあいだに深い溝が生じています。無理矢理、八秒間の抱きつきをしてもよくないのです。そういうときは抱きつきをやめます。そして、カレンダーの空欄に「今日は髪が黒く生えていてうれしい」「今日は黄色いブラウスが似合ってよかった」などと記入していきます。一日一行ずつメモをしているお母さんを眺め「何書いてるの?」と聞かれるように続けます。「〇〇ちゃんはいい子でうれしいって書いたのよ」とまじめに答えてあげます。すると徐々に子どもが変わり、お母さん自身も変身していきます。

子どもは自分から、「靴をそろえた」とか「一人でおしっこできたよ」「赤ちゃんかわいいね」「おしめ替えてみようか」などといい出します。そして八秒間の抱きつきをしてみると、もうくにゃくにゃせず、じっと背中を貸してくれるようになって、お母さんを驚かせます。

この三歳児の変身ぶりを眺めて、お母さんは「真の深い子育ての不思議さ」に胸を打たれます。下の子の誕生が反抗心をもたせ、やきもちを焼かせるきっかけになるという一般常識は、食事の与え方とほめ育てで改善していきます。

三歳児のことばあそび

三歳児はことばをたくみに使い、手も大人並みに使うことができます。三歳児とのことばあそびの記録をとり、ワープロで打って一冊のアンソロジーをつくることをおすすめします。

なかには「サ行」「カ行」のことばが「タ行」になる子もいます。いちいち直させずに、ようすを見ます。子どもの舌の上にお母さんの人さし指をのせて、「スリッパ」「スイカ」「カラス」といってもらいます。すると、「サ行」と「カ行」が指のはたらきではっきりいえるときがあります。はっきりいえたら「上手、今のでいいのよ」とほめると、子どもは「サ行」の音を自分で確かめてみたり、くり返したりして、そのあと「スイカ」といえるようになります。早く直そうとあわてないことです。

また、子どものあそびは教育のもとです。あそび上手に育てるためにも、わたしは「いろはかるた」であそぶことをおすすめしています。会話のなかでタイミングよく上手にことわざを使えるようになる子どもたちを見ていると、「いろはかるた」をお正月だけのものにせず、毎日一〇分間でよいからあそんであげるようにしたらいいのにと思います。

子どものしつけ

しつけは妊娠中から

今日、子どものしつけについて、明確な方針を社会的価値観のもとに即時に述べることができる人はどれだけいるでしょうか。

子どものしつけは、その家なりの家風にもとづいてなされるものです。しかし、その基本的考え方は、「期待される人間像」に近づけることといえるでしょう。

では、今、現に一〇歳未満の子を育てている世代の人びとが、果たしてどれくらいの「期待される人間像」を具体的に描き、子どもとの関係のなかで「しつけ」ができているでしょうか。

しつけの本質を考察すると、「身の構えが美しいこと、丹田《たんでん》に力がよく入り、呼気が深く、あごを引いて、えらがよく張り、眼光の輝き満ちて周囲に明るい雰囲気をかもし出している人相と体形をあらわしていること」だと思います。またその一挙手一投足に無理がなく、ムラがなく、無駄がないしぐさをしていることです。

人を好み、ほほ笑み、人間的な才智のひらめきや情緒、しぐさを、身のこなしの随所にかもし出しています。

また、今もてる能力のすべてをあそびのなかで発し、そのときどきに自己の力をみがき、深めるしぐさを込めて一生懸命あそんでいる子どもたちを眺めていると、あそびをとおして、しつけの意味する「しぐさに込められた行動」はまことに幅広いものであるという気がしてきます。

したがって、狭い考えに固執している大人が、

今、果たして本当の意味でのしつけをすることができるのだろうかと、不安になります。

さて、しつけは実は胎児期にすでにはじまっているのです。生まれてからしばらくカンの強い泣き方の激しい子になるか、あるいはおっとりおだやかで集中力のある子に育つかは、胎児のおかれた状況を反映して胎動が素直に表現しています。

母親が、食べものをよくかむ人か、早食いであまりかまない人なのか、その結果もまた、胎児の動きに影響を与えています。

母親がよくかんでいる場合は、胎動がおだやかです。そして新生児期はカンの強い泣き方はせず、幼児期にはよくかむ子になります。

母親が、食べものをよくかむかどうかは、粒食の穀物中心の食事をしていることと関連しています。

粉食はそれ自体に粘りがあるので、粒食ほどていねいにかむわけにはいきません。歯の治療中に気づくことですが、粒食は食べやすく粉食は歯を損傷しやすく、食べにくい思いをしたことがあるでしょう。粒食は唾液とよく混ざり合います。

母親がかんで食べることに気をつかうと、このようにいろいろなことに気がつくと思います。

Aさんは、三人の子がいます。妊娠中によくかんで食べて育てた子は、個性的でよくあそぶ子になったといいます。Ａさんの経験談をうかがっていると、しつけは「はじめにかむことである」ということができます。「ことば」でしつけができるのはいつからであろうか、そもそも「ことば」でしつけられるものなのだろうか、Ａさんは疑問だと話しています。

教えて、して見せて、まねさせてほめる

「しつけ」というとき、実は、しつけるつもりで叱りつけているといえる場合が多いのではないでしょうか。ときには、母親にとってしゃくにさわることを、子どもがそれと気づくことなくしてしまうことでしょう。すると、母親は子どもを叩き、怒鳴り、叱りつけ、制止するでしょう。そのことを、一般的には「しつける」と間違って理解されているのです。

「教えてから見てまねさせる」ということは、簡単なようでいて実は思ったようにはいきません。しかし、母と子の「あそび」としておままごとをしてみると、教え足らないのはどんなことなのかがよく見えてきます。

わたしの相談所の一角に、遠藤英一さんの設計による「乳幼児のあそびの空間」があります。

まるで本物そっくりのお台所が木製で据えつけられ、調理用具も普段使っているのと同じ大きさの物が備えつけてあります。

子どもは、まるでお母さんのように、台所セットのところで、ガシャガシャとよく洗ったものを各自の皿に盛りつけて、スプーンやフォークや箸《はし》をそろえてから、食卓につくように大人たちを誘導します。大人はわくわくしたふりをして待ちます。小さなコップに入れたふりをしてから、「ハイ、スープです」「ハイ、お茶です」などとあそびます。ごはん茶碗や皿に盛り合わせた品物にもそれぞれの呼び名をつけて、「〃ごはん〃と〃お野菜の煮たもの〃をどうぞ」などと、お母さんやわたしをお客に見立てて、おままごとをしてあそんでくれます。

乳幼児たちが、いかにお母さんの台所姿をよく見ているのかがわかります。そしてこれほどまでと思えるくらいていねいに、料理を並べ客人をもてなすことがわかります。

こうしてあそびに夢中になれる子は、お母さんが台所のお片づけをしている姿をよく見ているので、自分から片づけます。そのあとでほめてもらって安心しています。

彼らのこうしたあそびを母親がよく見て、「もっと、こうするとうまくいくかもよ」というようなことを一緒にあそびながら教えていき、子どももよい方のまねをして「うまくいった」とよろこんでいます。

この行動を見て、「しつけ」による成果だとは誰も思いません。子どもが本来、備えもっている才能と知恵そのもののなかに、ちゃんと人間が人間らしく生き、あるいは育てられながら明らかになる自律性があることがわかります。

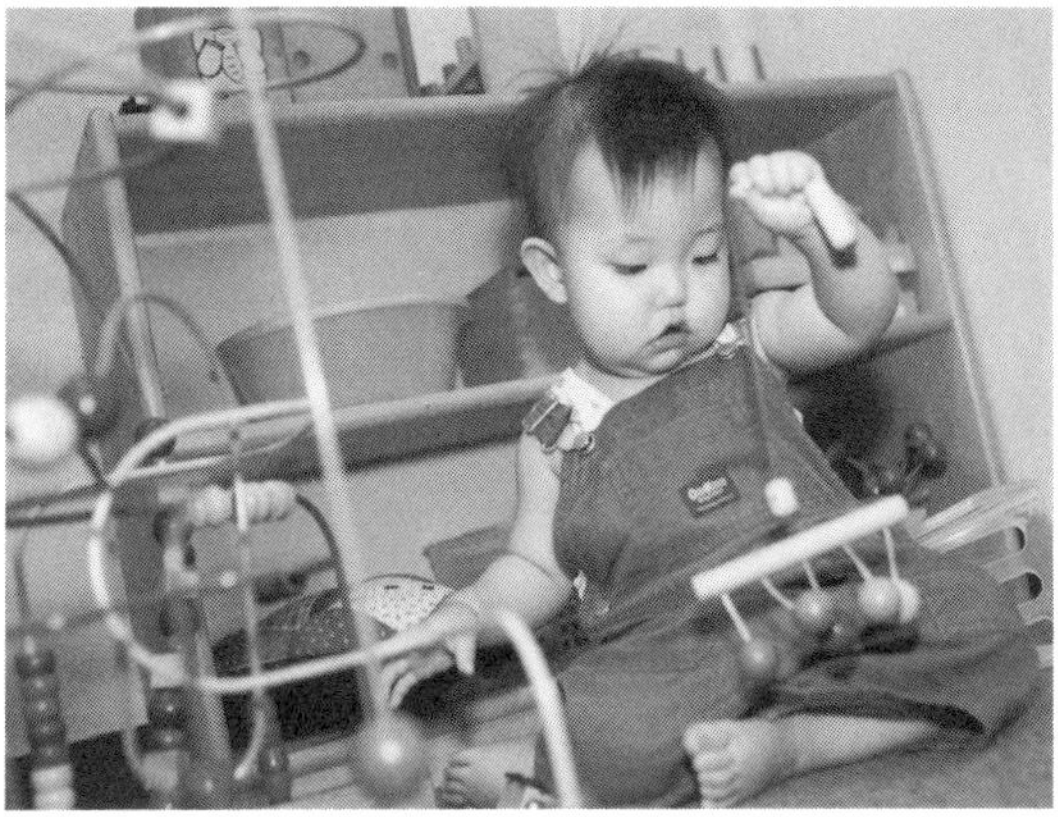

彼らの内的エネルギーに支えられた自律性に気づくとき、いわゆる「しつけ」も何も必要ないことがわかります。一般的な「しつけ」をしっかりしようと思っているお母さんやお父さんは、もう一度、子どもの育っていく道すじを見つめ直してから「しつけ」を考える方がよいのではないでしょうか。

トイレットトレーニング

Kちゃんは、三歳の女の子です。Kちゃんのお母さんは「大便のときは教えてくれるのに、おしっこはいまだに、おしめのなかにしてしまうから困る」といいます。

Kちゃんに「おしっこのときもお母さんが教えてほしいっていってるけど、どう?」とたずねました。Kちゃんは「だって、お手洗いにこわいものがいるから……」といっています。お母さんは「そんなの、いるわけないじゃない」と笑っています。

相談所に来る子のなかには、大人には見えていない何者かが見えて、いやだと思っていることを話してくれる子がいます。

かくいうわたしも、四歳すぎまでそのこわいものが見えていました。ひとりでは、家の外にあったトイレに行くことはできませんでした。親の手を引っぱって行くのでなければうまく排泄ができず、おもらしをしていたので、叱られたり、叩かれたりしたことを記憶しています。

さて、Kちゃんの手を引いて、イトオテルミー療法で使うロウソクを持ち、暗いトイレに一緒に入ってみました。そして、「こわいものさん、Kちゃんが困っています。ロウソクの火を見てどうか出て行ってください」と、Kちゃんと一緒にお願いをしました。
三、四日続けてこの方法をやると、こわいものはどこかへ行ってくれます。日常の母子関係がよい場合ならば、ロウソクの火を使ったトイレットトレーニングは大いに効果があります。
それなのに、叱ったり叩いたりして、しっかりとしつけをしたつもりでいると、それは「しつけ」というよりむしろ「押しつけ」となり、効果はありません。

それから一〇日ほどして、Kちゃんのお母さんから電話があり、家でも同じことをしてほしいというので、一回だけしたそうです。すると、その日からKちゃんはこわいものがいなくなって、おしっこもきちんとひとりでできるようになりました、とのことでした。

第二子や第三子が生まれたとき

赤ちゃん返りをした上の子に、手こずっている人をよく見かけます。前述したのでくりかえしになりますが、赤ちゃん返りは、毎日の食べものを見直さずには簡単には直りません。からだがだるく、寝不足で、母親不信をきたしやすくなる、にんじんや白菜、くだもの、お菓子、ジュースなどは控えめにすべきです。塩むすび、するめ、板昆布などによって、適切なよい塩を与えます。こうして食べものを変更すると腸の消化が助けられ、自律神経の調和がとれるので、リラックスして脳の疲労も回復していきます。

そのように食べものをチェックしてから、さらに父母のむつまじさも見直す必要があります。

父母が仲よくしている情景は、子のしつけには大切なことです。「八秒間抱きつき法」のしつけも効果的です（二五一頁参照）。

「しつけ」は子どもにとってはしばしば「押しつけ」となり、そのときの両親の対応に一貫性が欠けていると、親子関係は混乱します。両親が不仲だったり、両親の許容度が狭い場合には、救いの語りかけを求める子どもたちとのあいだに溝を生じ、育てにくい日々が続きます。

子どもの「しつけ」は両親の側の人間性の大きさが問われていることでもあります。緩急自在に、子どもたちに知恵を受け渡していくのが基本的な対策です。わたしは、子どもは母の左側へ寝かせて、お父さんとお母さんはかならず手をつないで同床することをすすめています。父母が仲よくしていると、子どもは安定します。

おじいちゃんとおばあちゃん

「無駄に年はとらない」といいます。また「子どもは来た道、年寄りは行く道」というでしょう。みなさんの身近にいらっしゃるお年寄りは、果たしてどんな方でしょうか。

祖父母といっても、四〇歳代から七〇歳代まで約四〇年間の開きがあります。孫の生誕を期に、急に「おばあちゃん、おじいちゃん」になりますが、この四〇年の開きをひとまとめにして、祖父母の役割を規定することはできません。

また、たとえ孫が生まれなくても、五〇歳代の半ばにもなると、幼い子が「おじいちゃん」「おばあちゃん」と呼びかけるようになります。おそらく顔つきや身のこなしから、おばあちゃんとお母さんは違う、おじいちゃんとお父さんとは違うと直感するのでしょう。

さて、頼りになる祖父母とはどういう人なのかといえば、自分の特技をもち、それを語って聞かせることができる人です。わたしはお母さんたちに、結婚や出産を契機に、仕事や趣味やライフワークをやめないでくださいと呼びかけています。

あそび上手なお母さんは、木の葉一枚を手にとっても、石ころ一個を手にしても、川の流れや雨の降るさまを見ても、すべて、それがたのしみの材料になります。絵に描いたり、工作の材料や料理の飾りに使うと子どもがよろこび、まねをします。

これは「伝承あそび」といいます。が、けっして突然身につくものではありません。これは自分が子どものとき、母とともにあそびながら覚えてきたものです。

わたしは「生後三カ月までの子らにうたを歌い、本を読んであげてください」とよく話しています。乳児は母の歌ううたでことばを聞き、指あそびを見つめてたのしみます。

そのあそびが、やがて祖父母になったとき、頼りがいのある「おじいちゃん、おばあちゃん」となる土台になるのです。

たのしいおじいさんになるのは、工作の上手なお父さんです。竹とんぼや紙鉄砲や水鉄砲や笹舟をつくるためには、小刀《こがたな》を上手にさばかねばなりません。

子どもをひとりあそびさせたまま工作をさせると、指を切ったり竹ひごを指にさしたりして血を出してしまいます。しかし、けがは手当ての方法を知るためのよい機会なのです。そして、やがてナイフのさばき方を覚え、自分で竹とんぼを作ることができるようになります。

新聞紙で箱やかぶとを作り、折り紙でいろいろ多種多芸にあそぶことができます。これらのあそびは身のまわりの草や木や紙が材料です。おじいちゃんとともに何かを作るたのしみがいっぱいあるので、夏休みの工作のようにたのしくあそべます。こうしてあそんだ子どもが、知恵あるおじいさんになります。

おばあちゃんとお母さんとはやはり違います。おばあちゃんは、あやとり、かるた、ぬいもの、あみもの、人形づくり、おままごと、指あそび、民話やうたを聞かせる、お料理、おそうじ、そのほか、あげればきりがないぐらい、いろいろなあそびを教えてくれます。

このように、おじいちゃんやおばあちゃんは、あそびの魔法使いとして、子どもを育てるのになくてはならない存在なのです。子どもにとって、お父さんやお母さんは、ときには成長の前に立ちはだかった強く大きな妨害的存在となりますが、おじいちゃん、おばあちゃんは違います。子どもに勝とうとはせず、むしろ負けてやります。

お父さんはアニメなどにでてくる強い方のヤツです。子どもは、精神的に負ける側になりながらも、それでもお父さんの強さ、大きさに尊敬しています。

ところが、おじいちゃんに対しては勝つことで、おじいちゃんに自己の成長したあかしや、立派さをアピールして育つのです。こうしたことをとおして、おじいちゃんは孫息子が強くたくましくなることを助け、孫はその役に心から満足して強い父の今の姿を乗り越えていきます。

それでは、おばあちゃんの役割はどうでしょうか。おばあちゃんは、孫娘にとってとても大きな役割を果たします。芸ごとや踊りやうたなどをしてみせて、まねをさせながら覚えさせていきます。

自営業や農漁山村の人びとなら家業に連れて出て、仕事の一部を孫にも分担させます。その手ほどきは、父母とともに祖父母の役割です。

わたしたちは急に年をとることができません。同時に、にわかに祖父母の知恵を身につけることもできません。一日ごとの積み重ねの結果、老いて祖父母の世代に到達するのです。しかし、そのときにさびしい思いをするようでは、人生がもったいないと思います。

だれもが、「理想的祖父母の役割」を完全にこなすことなどできるわけではありません。しかし、みずからが生きてきた道程を語り合い、歌い、ものをつくり、食べ、着るものをまとい、学習し、住み慣れた家屋を守ってきたことを伝承することはできます。そして、そのことが祖父母の役割であることを、自分自身で確認しながら暮らすべきだと思います。

わたしは月刊誌『湧』(地湧社)や『あやもよう』(子どもと生活文化協会)『くだかけ』(くだかけ社)などをとおして、人らしく生きる父母の役割を、また、老境に至ったわが身の役割を考える際の指針にさせていただいています。

あとがき

母乳育児相談を続けるなかでお母さん方をとおして学ばせていただいた、育児をめぐる体験談とトラブルへの対処法について述べてきました。

子どもを育てていると、毎日の食生活が子どもの行動や情緒や集中力に大いに影響があることがわかります。松村龍雄先生の「自然育児法」はお母さんの食べものを重視します。先生のご指導を受けた者として、食生活の大切さをお話しするようになってから、「自然育児」をこころざすお母さんたちとの出会いがありました。そこで出会った人びとは「自然育児法」とはいわず、「自然育児」といいました。ニュアンスは少し違いますが、食べものの大切さについて共通するところがたくさんありました。

自然育児の「コツ」をつかむと、子どもとつき合うのがらくになります。肩ひじ張らずに気楽に育てているうちに、いつしかおだやかでコミュニケーションのとりやすい子に育ちます。大したしつけをしなくても、乱暴をせず、落ちつきのある行儀のよい子に育ちます。

昨今、親にとって扱いにくい子どもが増えてきている、子どもの犯罪が増加していると問題になっています。もしそれが事実だとすれば、まずは食べものを工夫し、食品添加物を点検し、建物の建材や空気や水について思いをめぐらし、手の届くところから見直していくことにより、いくらかでも変化するだろうと思います。この本がその取っかかりになるように期待しています。

食べものの大切さについて考えていると、ややもするとこだわりすぎて、かえって肩身のせまい育児をしていることがあります。久しぶりに祖父母と会ったときなどには、孫かわいさゆえに思いもかけぬ食べものやおやつが与えられたりしますが、そんなときはのんびりと構えてください。そのあとで子どものようすを見ていると、行動の変化からあれこれとわかることもあり、かえって気づきが得られてよいでしょう。祖父母ともめごとを起こさずに一歩ゆずって暮らすことで、子どもを信じていられることがわかります。働いているお母さんであれば、昼間は保育園や預かって育ててくださる人におまかせし、ようすを見ているだけで気づくことも多いものです。

ときにははめをはずし、レストランで外食したり、旅に出てのんびり過ごすことも大切でしょう。ひとつのこだわりを捨てると、かえって子どもが急に大きくなった感じがするものです。

「知育」ということを望み、知育の基本に「食育」という考えをおいていると、つい「食育」

の大切さについて周囲にしゃべりたくなってしまうものです。だがそれは相手を混乱させ、逆に批判の矢面に立たされてしまうことになります。相手のようすを見ながら、それぞれの育て方を尊重しながら、らくでたのしい育児のアドバイスをしてあげるようにすれば、かならずや感謝されることでしょう。

本著書は、母乳育児、自然育児をめぐる物語を月刊誌『マクロビオティック』（日本ＣＩ協会）『正食』（正食協会）に執筆してきた内容が中心となっています。多くの体験を語ってくださったみなさんに、改めてお礼を申し上げたいと思います。

また、一冊にまとめ直すにあたり、前著『増補改訂版　母乳で育てるコツ』に引き続きご尽力いただいた新泉社の安喜健人さんに感謝申し上げます。

この本が、育児にとまどい、悩んでいるみなさんの指針になれるようにと心から願っています。

二〇〇二年一〇月一〇日

山西みな子

自然育児相談所のご案内

当所では、母乳なんでも相談を軸に、からだ、食事、食物アレルギー、湿疹児、ベビーマッサージ（タッチケア）、体操、しつけ、くせなおし、ことば、あそび、卒乳などについての実際的な保健相談と乳房管理をしています。授乳中におきる乳房のトラブルは、くすりにたよる前に、まず手技療術でトラブルを解消いたします。

そのほか、避妊、不妊など、受胎調節実地指導と性の健康相談、乳がん検診（触診）をいたします。また、更年期障害など、微細な不定愁訴でくすりではなおりにくい症状がある方もおいでください。関連医療機関とも連絡を保ち、トータルな母子保健相談ができるユニークな相談所です。

住所　東京都中野区野方六—一〇—八　鈴木ビル1階

電話　〇三—三三三六—二一九一

原則として年中無休、相談時間は、午前九時から午後四時までです。予約は電話でお願いします（当日でも可）。

母乳育児・自然育児をテーマに活動する母親たちのＮＰＯ団体があります。
自然育児友の会
事務局　東京都豊島区千早二－三三－二〇－一〇二　伊藤方
電話・ＦＡＸ　〇三－五九六六－八二八四
http://shizen-ikuji.org
当会は、常識や社会通念にとらわれることなく、心地よい子育てや暮らしをしようと呼びかけ、情報提供・交流・支援を三つの柱として活動しています。
また、巻末に各地の代表的な「母乳コンサルタント」を掲載しました。くわしいことをお知りになりたい方は、自然育児相談所へご相談ください。
なお、本書の中で紹介した育児用品は、左記の通販でも入手できます。
Ｂ＆Ｍハウス
電話　〇一二〇－五六－二一九一
http://www.breastfeeding.jp

〒870-0265　大分県大分市竹下 714

くまがい産婦人科　熊谷孝子　TEL097-592-1000

〒870-0871　大分県大分市東八幡 3 丁目 4 組

平尾まさお　TEL097-534-3038

〒870-0881　大分県大分市深河内 1 組

梅崎助産所　梅崎ツギ代　TEL097-543-2468

〒870-0886　大分県大分市上田町 4-2

後藤助産所　後藤チズ子　TEL097-543-3813

〒879-2451　大分県津久見市新町 11-4

江藤助産院　江藤信子　TEL0972-82-3631

〒879-7764　大分県大分市大字上戸次 686

佐用助産院　佐用百合子　TEL097-595-0244

〒880-2101　宮崎県宮崎市大字跡江 1876-2

日高矩子　TEL0985-48-1071

〒889-1403　宮崎県児湯郡新富町大字上富田 2932-1

児玉裕美　TEL09833-3-2011

〒899-7402　鹿児島県曽於郡有明町野井倉 8189-1

米田明美　TEL0994-71-6036

〒901-0200　沖縄県島尻郡豊見城村 357-2

上地初美　TEL098-850-2132

「母乳コンサルタント」についてご不明な点がおありの方は，自然育児相談所までお知らせください。

自然育児相談所

TEL03-3336-2191

各地の「母乳コンサルタント」

〒061-1273　北海道北広島市大曲柏葉 5-13-3
イトオテルミー・ベビーマッサージ友の会　津野宏子　TEL011-377-6180

〒064-0951　北海道札幌市中央区宮ノ森 1 条 16 丁目 2-70
矢部浄　TEL011-643-6568

〒090-0067　北海道北見市緑ヶ丘 2-4-2
おぎた助産院　荻田ヒロミ　TEL0157-22-7239

〒099-1106　北海道常呂郡置戸町置戸 37-1
黒田みずほ　TEL0157-52-3195

〒030-0904　青森県青森市茶屋町 3-20　幸美容室 2F
松江助産院　松江喜美代　TEL017-743-9550

〒030-0955　青森県青森市駒込字蛍沢 289-39
ハローベビー助産院　溝江好恵　TEL017-742-7500

〒960-8143　福島県福島市南向台 1-1-2
福島自然育児相談所　服部秀子　TEL024-522-6668

〒964-0818　福島県二本松市不動 92-3
安斉啓子　TEL0243-23-4751

〒135-0042　東京都江東区木場 5-3-7　東峯婦人クリニック 7 階
ビバ・マンマ　柳澤薫　TEL03-3643-0081（緊）047-399-5828

〒136-0076　東京都江東区南砂町 2-3-5-425
金野睦子　TEL03-3649-4153

〒145-0076　東京都大田区田園調布本町 11-20
高崎香代　TEL03-5483-5630

〒146-0091　東京都大田区鵜の木 1-25-14
大場裕美　TEL03-3750-8993

〒165-0027　東京都中野区野方 6-10-8
自然育児相談所　山西詳子　TEL03-3336-2191（緊）3339-6655

〒180-0013　東京都武蔵野市西久保 2-32-5　プリムヴェール 201
イトオテルミー・ベビーマッサージ友の会　石塚初美　TEL0422-51-9767
〒183-0045　東京都府中市美好町 3-39-20
河野典子　TEL042-351-9734
〒183-0051　東京都府中市栄町 1-24-15
田辺助産所　田辺知美　TEL042-361-3754
〒185-0022　東京都国分寺市東元町 1-38-31
木村孝子　TEL042-322-6439
〒214-0008　神奈川県川崎市多摩区菅北浦 2-4-7
稲田助産所　藤井よし江　TEL044-945-5560
〒221-0074　神奈川県横浜市神奈川区白幡西町 5
仲かよ　TEL045-421-3189
〒227-0045　神奈川県横浜市青葉区若草台 12-5
柳沢初美　TEL045-962-9975
〒229-0035　神奈川県相模原市相生 4-8-5
新井綾子　TEL042-752-9631
〒231-0801　神奈川県横浜市中区新山下町 1-4-18
藤平洋子　TEL045-623-7453
〒232-0006　神奈川県横浜市南区南太田 2-169
坂田助産院　坂田枝見能　TEL045-743-0040
〒232-0012　神奈川県横浜市南区南吉田町 2-17
小泉みどり　TEL045-253-4470
〒232-0017　神奈川県横浜市南区宿町郵便局留（手紙相談）
よこはま母乳 110 番　TEL045-742-8033　毎週金曜日（祝日はお休み）
〒235-0036　神奈川県横浜市磯子区中原 4-15-12
渡辺助産所　渡辺あゆみ　TEL045-774-4079
〒236-0004　神奈川県横浜市金沢区福浦3-9　横浜市立大学医学部付属病院
産婦人科外来　**梅野美恵子**　TEL045-767-2888（内）3069
〒240-0053　神奈川県横浜市保土ヶ谷区新井町 204-12
國橋田鶴子　TEL045-383-0646

〒 242-0016　神奈川県大和市大和南 2-8-9

向井診療所　永杉さよ子　TEL046-261-1244

〒 243-0212　神奈川県厚木市及川 193-2

金子自然育児相談所　金子ナカ　TEL046-241-8244

〒 245-0002　神奈川県横浜市泉区緑園 2-19-14

豊倉助産所　豊倉節子　TEL045-813-7382

〒 246-0015　神奈川県横浜市瀬谷区本郷 2-31-6

網師本八重子　TEL045-302-4852

〒 246-0031　神奈川県横浜市瀬谷区瀬谷 4-23-8

大塚ヨシ　TEL045-301-0712

〒 249-0008　神奈川県逗子市小坪 1-17-8

赤羽知恵子　TEL046-722-9691

〒 252-1131　神奈川県綾瀬市寺尾北 3-9-9

吉見芳子　TEL0467-78-3628

〒 253-0018　神奈川県茅ケ崎市室田 2-3-6

水嶋弘美　TEL0467-54-5707

〒 253-0051　神奈川県茅ケ崎市若松町 3-16-308

山下治子　TEL0467-87-6012

〒 259-1331　神奈川県秦野市堀西 471-3

丸山照美　TEL046-388-6420

〒 260-0042　千葉県千葉市中央区椿森 2-14-15

鵜瀞《うのとろ》恵　TEL043-251-6893

〒 272-0805　千葉県市川市大野町 2-1855-2

あゆみ助産院　木戸ひとみ　TEL047-339-5197

〒 299-1154　千葉県君津市南久保 3-3-10

こしば助産所　小柴課豆子　TEL0439-55-6416

〒 305-0047　茨城県つくば市千現 2-2-12

つくば自然育児の会　飯田富美子　TEL029-855-8040

〒 306-0006　茨城県古河市平和町 13-1

小島恵子　TEL0280-31-9933

〒310-0912　茨城県水戸市見川5-114

江幡芳枝　TEL029-251-0864

〒311-1527　茨城県鹿島郡鉾田町借宿1430

エステル母乳育児相談室　大山富子　TEL0291-33-3119

〒317-0203　茨城県日立市滑川町1-9-23　弓野ビル2F

石川助産院　石川喜代子　TEL0294-24-5758

〒321-0134　栃木県宇都宮市高砂町13-13

梅津紀美代　TEL028-653-1890

〒321-0216　栃木県下都賀郡壬生町壬生丁270-8

倉嶋愛子　TEL0282-82-4650

〒323-0820　栃木県小山市西城南3-6-3

小山自然育児相談所　伊東厚子　TEL0285-28-1120

〒335-0016　埼玉県戸田市下前2-2-12

助産院 未来　武田悦子　TEL048-444-7143

〒338-0001　埼玉県さいたま市中央区上落合7-7-2-304

松田京子　TEL048-855-9318

〒346-0004　埼玉県久喜市南町1-8-18　太田屋本店自然食品部「YaYa」

久喜自然育児の会　高山里子　TEL0480-21-0102

〒357-0021　埼玉県飯能市双柳452-8

茂木真貴子　TEL042-974-3738

〒362-0022　埼玉県上尾市瓦葺2670-8

吉川母乳相談室　吉川久美子　TEL048-723-5118

〒369-0201　埼玉県大里郡岡部町3222-7

高橋恵美子　TEL0485-85-7142

〒370-3531　群馬県群馬郡群馬町足門1598

コスモファミリー母乳育児研究所　佐藤のり子　TEL0273-73-6852

〒371-0027　群馬県前橋市平和町2-9-13

狩野自然育児相談所　狩野ヒデ　TEL027-231-9417

〒379-0116　群馬県安中市安中5-18-5　奈良方

大石英子　TEL027-381-1617

〒379-1126　群馬県勢多郡赤城村三原田 618-301

群馬母乳で育てる会　早水久子　TEL0279-56-3609

〒379-2154　群馬県前橋市天川大島町 3-17-8

高岸母乳育児相談所　高岸とよ　TEL027-261-3387

〒387-0021　長野県千曲市大字稲荷山 248-4

永井助産院　永井ひろみ　TEL026-274-2324

〒389-1214　長野県上水内郡牟礼黒川 1300-21

いいづな自然育児相談室　富樫悦子　TEL026-253-4450

〒399-4117　長野県駒ヶ根市赤穂 14-1692

幸助産院　川手幸子　TEL0265-83-0264

〒407-0014　山梨県韮崎市富士見 1-8-3

雨宮幸江　TEL0551-22-0933

〒411-0806　静岡県三島市柳郷地 135-B-305

三島自然育児の会代表　草茅祐子　TEL055-973-3024

〒419-0114　静岡県田方郡函南町仁田 98-18　レサージュ AONO202

おっぱい相談室　ホメオパス　原萌萌子　TEL055-978-3804

〒444-0076　愛知県岡崎市井田町荒居 71

足立悦子　TEL0564-25-4193

〒465-0087　愛知県名古屋市名東区名東本通 3-48-1

長坂こどもクリニック　長坂由理子　TEL052-701-5800

〒506-0851　岐阜県高山市大新町 2-72

大沼れい子　TEL0577-34-1323

〒612-0082　京都府京都市伏見区深草山村町 999-2

あゆみ助産院　佐古かず子　TEL075-643-2163

〒630-8036　奈良県奈良市五条畑 1-17-10-1

青柳助産院　青柳裕子　TEL0742-44-1103

〒658-0052　兵庫県神戸市東灘区住吉東町 4-8-20-103

敦賀陽子　TEL078-854-1733

〒669-1516　兵庫県三田市友が丘 3-22-8

橋場京子　TEL079-564-0931

〒930-0405　富山県中新川郡上市町郷柿沢 1292

酒井照枝　TEL0764-72-3804

〒690-0859　島根県松江市国屋町 61-8

もちだ自然育児相談所　持田弘子　TEL0852-23-0788

〒683-0311　鳥取県西伯郡西伯町境 346

仲田豊実　TEL0859-66-3615

〒711-0913　岡山県倉敷市児島味野 1-13-18

藤原助産院　藤原鶴子　TEL086-472-3771

〒750-0009　山口県下関市上田中町 1-1-5

友廣助産所　友廣文子　TEL0832-34-2840

〒751-0826　山口県下関市後田町 4-29-14

糸野テツ子　TEL0832-23-1804

〒759-3802　山口県長門市三隅中 1910-10

名和田栄子　TEL0837-43-2750

〒759-5331　山口県下関市豊北町神田 1234-11

春永美知子　TEL0837-86-1714

〒808-0001　福岡県北九州市若松区小石本村町 1-89

坂田隆子　TEL093-751-4843

〒811-3516　福岡県宗像郡玄海町公園通り 2-7-3

松坂栄子　TEL0940-62-4711

〒818-0042　福岡県筑紫野市立明寺 634-1　ピュア 21-501

ベビーフェリス井手　井手教子　TEL092-922-0701

〒824-0026　福岡県行橋市道場寺 1313-13

松原まなみ　TEL0947-42-2118

〒840-1105　佐賀県三養基郡三根町寄人 365

石橋助産院　石橋幸江　TEL0942-96-2255

〒849-0934　佐賀県佐賀市開成 5-6-6

岩田千恵美　TEL0952-32-3760

〒869-1200　熊本県菊池郡西合志町須屋 1635-137

中村京子　TEL096-242-7450

著者略歴

山西みな子（やまにし　みなこ）

1935年　長野県生まれ。看護師，助産師。
1957年　国立東京第二病院附属高等看護学院卒業。
1958年　東京大学医学部附属助産婦学校卒業。
東京大学病院産科婦人科勤務，川崎市役所衛生局中原保健所勤務，国家公務員共済組合連合会稲田登戸病院婦長，社会保険中央総合病院婦長等を歴任。
1983年4月　自然育児相談所を開設，総合母乳育児（Total Breast Feeding=TBF）を提唱し，実践活動を行なう。
1992年　放送大学（発達と教育専攻）卒業。
自然育児法研究会会長，日本助産婦会東京都支部理事，日本助産学会会員，日本看護科学会会員，日本小児保健研究会会員，日本母乳哺育学会会員，日本母子ケア研究会顧問
著書（監修含む）『母乳で育てるコツ』（新泉社），『私の母乳育児』（地湧社），『母乳相談110番』（正食出版），『いのちを未来へ』（現代書館），『あなたにもできる母乳育児』（食べもの通信社），『良い子が育つ健康母乳食』（徳間書店），『乳児のアトピー性皮膚炎』（同時代社），『もっと自由に母乳育児』（農文協）ほか

自然育児のコツ

2002年11月20日　第1版第1刷発行
2009年5月30日　第1版第3刷発行

著者＝山西みな子
発行所＝株式会社 新 泉 社
東京都文京区本郷2−5−12
振替・00170−4−160936番　電話03(3815)1662　FAX 03(3815)1422
組版・まんぼう社　印刷・太平印刷社　製本・榎本製本

ISBN978−4−7877−0201−2